明鈔本水經注

第二册

（北魏）酈道元　注

國家圖書館出版社

第二册目録

水經卷第五

桑欽撰　　酈道元注

河水五

河水又東過平陰縣北湛水從北來注之河水又東

逕河陽縣故城南

春秋經書天王狩于河陽壬申公朝于王所晉侯

執衛侯而歸于京師春秋左傳僖公二十八年冬

會于溫執衛侯是會也晉侯召襄王以諸侯見且

使王狩仲尼曰以臣召君不可以訓故書曰天王

狩于河陽言非其狩地服虔賈逵曰河陽溫也班

固漢書地理志司馬彪袁崧郡國志晉太康地道

記十三州志河陽别縣非温邑也漢高帝六年封
陳絹爲侯國王莽之河亭也十三州志曰治河上
河孟津河也郭緣生述征記曰踐土今治坂城是
名異春秋焉非今河北見者河陽城故縣也在治
坂西北蓋晉之温地故羣儒有温之論矣魏土地
記曰治坂城舊名漢祖渡城嶮固南臨孟津河洛
陽西北四十二里故鄧鄉矣
河水又逕臨平亭北
帝王世紀曰光武葬臨平亭南西望平陰者也
河水又東逕洛陽縣北
河之南岸有一碑北面題云洛陽北界水二渚分

爲之也上舊有河平侯祠祠前有碑今不知所在
郭頒世語曰晉文王之世大魚見孟津長數百步
高五丈頭在南岸尾在中渚河平侯祠即斯祠也
河水又東逕平縣故城北
漢武帝元朔三年封濟北貞王子劉遂爲侯國王
莽之所謂治平矣俗謂之小平也有高祖講武場
河北側岸有二城相對置北中郎府徙諸從隸府
戶并羽林虎賁領隊防之河水南對首陽山春秋
所謂首戴也夷齊之歌所矣曰登彼西山上有夷
齊之廟前有二碑並是後漢河南尹廣陵陳導洛
陽令徐循與處士平蘇騰南陽何進等立事見其

碑又有周公廟魏氏起玄館於芒垂武張景陽玄
武觀賦所謂高樓特起竦跱岧嶢直亭以孤立延
千里之清飇也朝廷有置冰室於斯阜室内有冰
井春秋左傳曰日在北陸而藏冰常以十二月採
冰於河津之隘峽石之阿北陰之中即邠詩二之
日鑿冰冲冲矣而内於井室所謂納于凌陰者也
河南有鈎陳壘世傳武王伐紂八百諸侯所會處
尚書所謂不期同時也紫微有鈎陳之宿主鬭訟
兵陣故遁甲攻取之法以所攻神與勾陳并氣下
制所臨之辰則袂禽敵是以壘資其名矣河水水
斯有盟津之目論衡曰武王伐紂升舟陽侯波起

疾風逆流武王操黄鉞而麾之風波畢除中流白魚入於舟燔以告天與八百諸侯咸同此盟尚書所謂不謀同辭也故曰孟津亦曰盟津尚書所謂東至于孟津者也又曰富平津晋陽秋曰杜預造橋於富平津所謂造舟為梁也又謂之曰為陶河魏尚書僕射杜畿以帝将許試樓船覆於陶河謂此也昔禹治洪水觀於河見白面長人魚身出曰吾河精也授禹河圖而還於淵及子朝篡位與敬王戰乃取周之寶玉沉河以祈福後二日津人得之於河上将賣之則變而為石及敬王位定得玉者獻之復為玉也

河水又東淇水入焉

山海經曰和山上無草木而多瑤碧實惟河之九都是山也五典九水出焉合而北流注于河其印多倉玉吉神泰逢司之是於萯山之陽出入有光呂氏春秋曰夏后氏孔甲田于東陽萯山遇大風雨迷惑入于民室皇甫謐帝王世紀以為即東首陽山也蓋是山之殊目矣今於首陽東山無水以應之當是今古世懸或川改狀矣昔帝堯脩壇河洛擇良議沈率舜等升于首山而導河渚有五老遊焉相謂河圖將來告帝以期知我者重童也五老乃翻為流星而升於昴即於此也

又東沛水注焉又東過鞏縣北

河水於此有五社度為五社津建武元年朱鮪遣持節使者賈彊討難將軍蘇茂將三萬人從五社津渡攻溫馮異遣校尉與寇恂合擊之大敗追至河上生擒萬餘人投河而死者數千人縣北有山臨謂之崟原丘其下有穴謂之鞏穴言潛通浦北達於河直穴有渚謂之鮪渚成公子安大河賦曰鱣鯉王鮪暮來遊周禮春薦鮪然非時及他處則無故河自鮪穴已上又兼鮪稱呂氏春秋稱武王伐紂至鮪水紂使膠鬲候即是

洛水從縣西北流注之

洛水於鞏縣而東洛汭北對琅邪渚入于河謂之
洛口矣自縣西來而北流注洛清濁異流皦焉殊
別應瑒靈河賦曰資靈川之遐源出崑崙之神丘
涉津洛之峻泉播九道於中州者也
又東過成皋縣北濟水從北來注之
河水自洛口又東左逕平高縣南又東逕懷縣南
濟水故道之所入與成皋分河水
河水又逕黃馬坂北
謂之黃馬關孫登之去陽駿作書與洛中故人處也
河水又東逕旋門坂北
今成皋西大坂者也昇陟此坂而東趣成皋也曹

大家東征賦曰望河洛之交流看成皐之旋門者也

河水東逕成皐大伾山下

爾雅曰山一成謂之伾許慎呂忱等並以為丘一成也孔安國以為再成曰伾亦或以為地名非故尚書禹貢曰過洛汭至大伾者也鄭康成曰地喉也流出伾際矣然則大伾在河内修武武德之界濟沇之水與滎播澤出入自此然則大伾即是山矣伾北即經所謂濟水從此來注之者也今泲水自溫縣入河不於此也所入者奉溝水耳即濟沇之故瀆矣成皐縣之故伾上營帶伾阜絶岸峻周高四十許丈城張習嶮崎而不平春秋傳曰制巖

邑也虢升死焉即東虢也魯襄公二年七月晉成
公與諸侯會于戚遂城虎牢以逼鄭求平也蓋脩
故耳穆天子傳曰天子射鳥獵獸於鄭圃命虞人
掠林有虎在於葭中天子將至七萃之士高奔戎
生擒虎而獻之天子命之為押畜之東虞是曰虎
牢矣然則虎牢之名自此始也秦以為關漢乃縣
之城西北隅有小城周三里北面列觀臨河苕苕
孤上景明中言之壽春路直茲邑昇眺清遠勢盡
川陸羈途遊至有傷深情
河水南對玉門
昔漢祖與滕公潛出濟於是處也門東對臨河側

岸有土穴魏攻 同州刺史毛德祖於虎牢戰逕
二百日不尅城唯一井井深四十丈山勢峻峭不
容防捍潛作地道取井余頃因公至彼故往尋之
其穴處猶存

河水又東合汜水

水南出浮戲山世謂之曰方山也北流車關水出
于嵩渚之山也泉發于層阜之上一源兩枝分流
瀉注世謂之石泉水也東流為索水西注為車關
西北流楊蘭水注之水出非山西北流注為車關
水又西北蒲水入焉水自東浦西流與車關水合
而亂流注于汜汜水又北右合石城水水出石城

山其山復澗重嶺欵疊若城山頂泉流瀑布懸瀉下有濫泉東流泄注邊有數十石畦畦有聲野蔬巖側石窟數口隱跡存焉而不知誰所經始也又東北流注入于汜水汜水下北合鄤水水西出婁山至冬則煖故世謂之溫泉東北流逕田鄤谷謂之田鄤溪水東流注于汜水汜水又北逕虎牢城東溪破司馬欣曹咎於是水之上汜水又北流注于河征難賦所謂步汜口之芳草弔周襄之鄙館者也余按儒之論周襄所居在潁川襄城縣是乃城名非為水目原夫致謬之由俱以汜鄭為名故也是為爽矣又按郭緣生述征記劉澄之永初記

並言高祖即帝位於是水陽今不復知舊壇所在
盧諶崔雲亦言是矣余按高皇帝受天命於定陶
汜水又不在此也於是求壇故無髣髴矣

河水又東逕板城北

有津謂之板城渚口

河水又東逕五龍塢北

臨長河塢有五龍祠應劭云崑崙山廟在河東滎
陽縣疑即此祠所未詳

又東過滎陽縣蒗蕩渠出焉

大禹塞滎澤開之以通淮泗即經所謂蒗蕩渠也
漢平帝之世河汴決壞未及得脩汴渠東侵日月

彌廣門故處皆在水中漢明帝永平十二年議治汴渠上乃引樂浪人王景問水形便景陳利害應對敏捷帝甚善之乃賜山海經河渠書禹貢圖及以錢帛後作堤發卒數十萬詔景與將作謁者王吳共防築堤脩堨起自滎陽東至千乘海口千有餘里景乃商度地勢鑿山開㵎防遏衝要疏決壅積十里一門水更相洄注無復潰漏之患明年渠成帝親巡行詔濱河郡國置河堤員吏如西京舊制景由是顯名王吳諸從事者皆增秩一等順帝陽嘉中又自汴口以東緣積石為堰通淮古口咸曰金堤靈帝建寧中又增脩石門以遏淮口水

盛則通注津耗則輟流

河水又東北逕卷之扈亭北

春秋左傳曰文公七年晉趙

盾與諸侯盟于扈竹書紀年晉出公二十二年河絕於扈即於是也

河水又東逕八激堤北

漢安帝永初七年令謁者太山于岑於石門東積石八所皆如小山以捍衝波謂之八激堤

河水又東逕卷縣北

晉楚之戰晉軍爭濟舟中之指可掬楚莊祀河告成而還即是處也

河水又東北逕赤岸固北而東北注之又東北過武

德縣東沁水從之
河水自武德縣漢獻帝延康元年封曹叡為國即
魏明帝也

東至酸棗縣西濮水東出焉
漢興三十有九年孝文時河決酸棗東潰金堤大
發卒塞之故班固云文堙棗野武作瓠歌謂斷此
口也今無水

河水又東北通謂之延津
石勒之襲劉耀途出於此以河冰泮為神靈之助
號是處為靈昌津昔澹臺子羽齎千金之璧渡河
陽侯波起兩蛟挾舟子羽曰吾可以義求不可以

威却操劍斬蛟蛟死波休乃投璧於河三投而輒躍出乃毁璧而去示無悋意趙建武中造浮橋於津上採石為中濟石無大小下輒流去用功百萬經年不就石虎親閲作公沉璧于河明日璧流渚上波蕩上岸遂斬匠而還

河水又逕東燕縣故城北則有濟水自北來注之河水於是有棘津之名亦謂之濟津故南津也春秋僖公二十一年晉將伐曹曹在縣東假道于衛衛人不許還自南河即此濟也河水於是亦有棘津之名晉伐陸渾亦於此渡宋元嘉中遣輔國將軍蕭斌率寧朔將軍王玄謨北入宣威將軍垣護

之以水軍守石濟即此處也

河水又東淇水入焉又東逕遮害亭南

漢書溝洫志曰在淇水口東十八里有金堤堤高一丈自淇口東地稍高至遮害亭西五丈又有宿胥口舊河水北入也

河水又右逕滑臺城

有三重中小城謂之滑臺城舊傳滑臺人自修築此城因以名焉城即故鄭廩延邑也下有延津春秋傳曰孔悝為蒯聵所逐載伯姬于平陽行于延津是也廩延南故城即衛之平陽亭也今時人謂此津為延壽津宋元嘉中右軍到彥之留建威將

軍朱脩之守此城魏軍南伐脩之執節不下其母悲憂一旦乳汁驚出母乃號踴告家人曰我年老非有乳時今忽如此吾兒必沒矣脩之絶拔果以其日陷沒城故東郡治續漢書曰延熹九年濟陰東郡濟北平原河水清襄楷上疏曰春秋注記未有河清而今有之易乾鑿度曰之天將降嘉應河水先清京房易傳曰河水清天下平天垂異地吐妖民厲疾三者並作而有河清春秋麟不當見而見孔子書以為異河者諸侯之相清者陽明之徵豈獨諸侯有窺京師也明年宮車晏駕徵解瀆侯為漢嗣是為靈帝建寧四年二月河水又清也

又東北過黎陽縣南

黎侯國也詩式微黎侯寓于衛是也晉灼曰黎山在其南河水逕其東其山上碑云縣取山之名取水之陽以為名也王莽之魏丞也今黎山之東北故城蓋黎陽縣之故城也山在城西城憑山為基東岨為河故劉楨黎陽山賦曰南蔭黃河左復金城青壇承把高碑頌雲昔慕容玄明自鄴率戶南徙滑臺既無舟檝將保黎陽昏而流澌水合於久中濟訖旦而冰泮燕民謂是處為天橋津東岸有故城崄帶長河戴延之謂之逯明壘周二十里言逯明石勒十八騎中城因名焉郭緣生曰城袁紹

時築皆非也余案竹書紀年梁惠成王十三年鄭
釐侯使許息來致地平丘户牖首垣諸邑及鄭馳
地我取枳道與鄭鹿鄭鹿即是城也今城内有故
臺尚謂之鹿鳴臺又謂之鹿鳴城王玄謨自滑臺
走鹿鳴者也濟取名焉故亦曰鹿鳴津又曰白馬
濟津之東南有白馬城衛文公東徙渡河都之故
濟取名焉袁紹遣顔良攻東郡太守劉延於白馬
關羽為曹公斬良以報效即此處是也白馬有韋
鄉韋城故津亦有韋津之稱史記所謂脩武下武
渡韋津者也河水舊於白馬縣南泆通濮濟黄溝
故蘇代說燕曰決白馬之口魏無黄濟陽竹書紀

年梁惠成王十二年楚師山河水以水長垣之外
者也金堤既建故渠水斷尚謂之白馬瀆故瀆東
逕鹿鳴城南又東北逕白馬縣之凉城北耆舊傳
云者舊東郡白馬縣之神馬亭實中層峙南北二
百步東西五十許步状丘斬城也自外耕耘墾斫
削落平盡正南有陂陻陛上方軌是由西南側城
有神馬寺樹木修整西去白馬津可二十許里東
南距白馬縣故城可五十里疑即開山圖之所謂
白馬山也山上常有白馬羣行悲鳴則河决馳走
則山崩注云山在鄭故此鄭也所未詳劉澄之云
有白馬塞孟達登之長歎可謂於川土蹂妄矣亭

上舊曰薑源城縣治此白馬瀆又東南逕濮陽縣散入濮水所在決會更相通注以成往復也

河水自津東北逕涼城縣

河北有般祠孟氏記云祠河中積石為基河水漲盛恒與水齊戴氏西征記曰今見祠在東岸臨河累石為壁其屋宇容身而已殊似無靈不如孟氏所記將恐言之過也

河水又東北逕伍子胥廟南

祠在北岸頓丘郡界臨側長河廟前有碑魏青龍三年立

河水又東北為長壽津

述征記曰涼城到長壽津六十里河之故瀆出焉漢書溝洫志曰河之為中國害尤甚故道河自積石歷龍門二渠以引河一則漯川今則所流也一則北瀆王莽時空故世俗名是瀆為王莽河也

故瀆東北逕戚城西

春秋哀公二年晉趙鞅帥師納衛太子蒯聵于戚宵迷陽虎曰右河而南必至焉今須立衛國縣西戚亭是也為衛之河上邑漢高帝十二年封將軍李必為侯國矣

故瀆又逕繁陽縣故城東

史記趙將廉頗伐魏取繁陽者也

北逕陰安縣故城西
漢武帝元朔五年封魏不疑為侯國
故瀆又東北逕昌樂縣故城東
地理志東郡之屬縣也漢宣帝封王稚君為侯國
故瀆又東北逕平邑郭西
竹書紀年晉烈公四年趙城平邑五年田公子居
思伐趙鄙圍平邑十年齊田汾及邯鄲韓舉戰于
平邑邯鄲之師敗遂獲韓舉取平邑新城
又東北逕元城縣故城西北而至沙丘堰
史記曰魏武侯公子元食邑於此故縣氏焉郭東
有五鹿墟墟之在左右多陷城公羊曰襲邑也說

曰襲陷矣郡國志曰五鹿故沙鹿有沙亭周穆王喪盛姬東征舍於五鹿其女升姓届此思哭是日女坐之丘為沙鹿之異名也春秋左傳僖公十四年沙鹿崩晉史卜之曰陰為陽雄土火相乘故有沙鹿崩後六百四十五年宜有聖女興其齊田乎後王翁孺自齊徙元城正直其地日月當之王氏為舜後土也漢火也王禁生政君其母夢見月入懷年十八詔入太子宮生成帝為元后漢祚道汙四世稱制故曰火土相乘而為雄也及崩大夫楊雄作誄曰太陰之精沙鹿之靈作合於漢配元生成者也獻帝建安中袁紹與曹操相禦於官渡紹

逼大司農鄭玄載病隨軍届此而卒郡守已下受業者衰經赴者千餘人玄注五經讖緯候歷天文經通於世故范曄賛曰孔書遂明漢章中輟矣縣北有沙丘堨者不遵其道曰降亦曰潰堰障水也

至于大陸北播于九河

風俗通曰河播也播為九河自此始也禹貢沇州九河既道矣謂從駭太史馬頰覆釜胡蘇簡潔句盤鬲津也同為逆河鄭玄曰下尾合曰逆河言相承受矣蓋所潤下之勢以通河海及齊桓霸世塞廣田居同為一河故自堰以北館陶貝丘鬲般廣川信都東光河間樂成以東城地並存川瀆多

亡漢世河泆金堤南北離其害議者常欲求九河故迹而川之未知其所是以班固云自兹距漢北三八枝者也

河之故瀆自沙丘堰南分屯氏河出焉河水故瀆東北逕發干縣北城西又屈逕其北

王莽之所謂戢盾矣漢武帝以大將軍衛青破左賢王功封其子登為侯國

大河故瀆又東逕貝丘縣故城南

應劭曰左氏齊襄公田于貝丘是也余按京相璠杜預並言在博昌即司馬彪郡國志所謂貝中聚者也應注於此事近迹矣

大河故瀆又東逕甘陵縣故城南

地理志之所謂廟也王莽改曰廟治者也漢安帝父考德皇以太子被廢為王薨於此乃葬其地尊陵曰甘陵桓帝建和元年改曰甘陵縣亦取名焉是周之甘泉市地也陵在瀆北丘墳高巨雖中經發壞猶若層陵矣世謂之唐侯家城曰邑城皆非也昔南陽文叔良以建安中為甘陵丞夜宿水側趙人蘭襄夢求改葬叔良明循水求棺果於水側得棺半許落水叔良顧親舊曰若聞人傳此吾必以為不然遂為移殯醊而去之大河故瀆又東逕艾亭城南又東北逕平晉城南金城中有浮圖五

層上有金露柈題云趙建武八年比釋道龍和上
竺浮圖澄樹德勸化興立神廟浮圖以壞露柈尚
存煒煒有光明大河故瀆又東北逕鬲縣故城南
王莽之播亭也河瀆於縣別出爲鳴犢河河水故
瀆又東逕鄃縣故城東呂后四年以父嬰功封子
佗龍爲侯國王莽更名之曰善陸
大河故瀆又東逕平原縣故城西而北絶屯氏三瀆
北逕繹幕縣故城東北西流逕平原高縣故城西
地理志曰鬲津也王莽名之白河平亭故有窮后
國也應劭曰鬲偃姓咎繇後光武建武十三年封
建議將軍朱祐爲侯國

大河故瀆又北逕脩縣故城東又北逕安陵縣西
本脩之安陵鄉也地理志風俗記曰脩縣東四十
里有安陵縣故縣也又東北至東光縣故城西而
北與漳水合一水分

大河故瀆北出為屯氏河逕館陶縣東東北出
漢書溝洫志曰自塞宣防河復北決於館陶縣分
為屯氏河廣深與大河等成帝之世河決館陶
及東郡金堤上使河堤謁者王延世塞之二十日
堤成詔以建始五年為河平元年以延世為光禄
大夫是水亦斷屯氏故瀆水之又東北屯氏別河
出焉屯氏別河故瀆又東北逕信城縣張甲出焉

地理志曰張甲河及瀆首受屯氏別河於信城縣者也張甲河及瀆北絕河於廣宗縣清分為二瀆左瀆逕廣宗縣故城西又北逕建始縣故城東田融云趙武帝二十二年立建興治廣宗置建始興德五縣隸焉

左瀆又北逕經城東繚城西又逕南宮縣西北注絳瀆

右瀆又東北逕廣宗縣故城南又東北逕界城亭北

又東北逕長樂郡武彊縣故城東

長樂故信都也晉太康五年改從今名

又東北逕廣川縣與水故道合又東北逕廣川縣故

西又東逕棘津亭南

徐廣曰棘津在廣川司馬彪曰縣北有棘津城呂尚賣食之困疑在此也劉澄之云譙郡酇縣東北有棘津亭故邑也呂尚所困處也余案春秋左傳伐巢克棘入州來無津字杜預春秋釋地又言棘亭在酇縣東北亦不云有津字矣而竟不知澄之於何而得是說然天下以棘為名者多未可咸謂之棘津也又春秋昭公十四年晋侯使荀吳帥師涉自棘津用牲于洛遂滅陸渾杜預釋地闕而不書服虔曰棘津猶孟津也徐廣晋紀又言石勒自葛陂寇河北襲汲人向水於方頭濟自棘棘津在東郡河內之間田融以為即石濟南津也雖千古

芒昧理世玄遠遺文逸句容或可尋沿途隱顯方
士可驗司馬遷云呂望東海上人也老而無遇以
釣于周文王有呂望行年五十賣食棘津七十則
屠牛朝歌行年九十身為帝師皇甫士安云欲隱
東海之濱聞文王善養老故入釣於周今汲水城
亦言有呂望隱居處起自東海迄于酆雍緣其逕
趣趙魏為密厝之譙來事為疏矣
張甲故瀆又東北至脩縣東會清河
十三州志曰張甲河東北至脩縣入清漳者也
屯氏別河東枝津出焉東逕信城城南又東逕青陽
縣故城南清河郡北

魏自清陽徙置也
又東北逕陵鄉南又東北逕東武城縣故城南又東
北逕東陽縣故城南
地理志曰王莽更之曰胥陵矣俗人謂之高黎郭
非也應劭曰東武城東北三十里有陽鄉故縣也
又東散絕無復津逕
屯氏別瀆又東北逕清河郡南又東北逕清河故城西
漢高六年封王吸為侯國地理風俗志曰甘陵郡
東南十七年有河清故城者世謂之鵲城也又東
北經繹幕縣南公為二瀆
屯氏別河北瀆東逕繹幕縣故城南東邑大河故瀆又

東北逕平原縣枝津北出至安陵縣遂絕
屯氏別河北瀆又東北逕重平縣故城南
應劭曰重合縣西南八十里有重平鄉故縣也又
東北逕重合縣故城南又東北逕定縣故城南漢
武帝元朔四年封齊孝王子劉成為侯國地理風
俗記曰饒安縣東南三十里有定鄉城故縣也
屯氏別河北瀆又東入陽信縣今無水又東為咸河
東北流逕陽信縣故城北
地理志勃海之屬縣也東注于海
屯氏別河南瀆自平原東絕大河故瀆又逕平原縣故城
北東北枝津又出東北至安德縣界東會商河屯氏別河

南瀆又東北於平原界又有枝渠右出至安德縣遂絕

屯氏別河南瀆自平原城北首受大河故瀆東出亦

通謂之篤馬河

即地理志所謂平原縣有篤馬河東北入行五百

六十里者也

東北逕安德縣故城西又東北逕臨齊城南始

東齊未賓大魏築城以臨之故城得其名也

又屈逕其城東故瀆廣四十步又東北逕重丘縣故城西

春秋襄公二十五年秋同盟重丘伐齊故也應劭

曰安德縣北五十里有重丘鄉故縣也

又東北逕西平昌縣故城北

北海有平昌縣故加西漢宣帝元康元年封王長君為侯國故渠川派東入般縣為般河蓋亦九河之一道也漢書稱公孫瓚破黄巾于般河即此瀆也又東為白鹿淵水南北三百步東西千餘步深三丈餘其水冬清而夏濁渟而不流若夏水洪泛水深五丈方乃通注般瀆

又逕般縣故城北

三莽更之曰分明也

東逕樂陵縣故城北

地理志曰故都尉治伏琛晏謨言平原邑今分為郡

又東北逕陽信縣故城南東北入海

屯氏河故瀆自别河東逕甘陵之信鄉縣故城南

地理志曰安帝更名安平應劭曰甘陵西北十七里有信鄉故縣也

屯氏故瀆又東逕甘陵縣故城北逕靈縣北又東北逕鄃縣與鳴犢河故瀆合上承大河故瀆於靈縣南地理志曰河水自靈縣别出為鳴犢河者也東北逕靈縣東東入鄃縣而北合屯氏瀆屯氏瀆兼鳴犢之稱也又東逕鄃縣城北東北合大河故瀆謂之口十三州志曰鳴犢河東北至脩入屯氏考瀆則不至也

又東北有過衛國縣南又東北過濮陽縣北瓠子河出焉河水東逕鐵丘南

春秋左氏傳哀公二年鄭罕達帥師鄭無恤御簡子衛太子為右登鐵丘望見鄭師衛太子自投車下即此處也京相璠曰鐵丘名也杜預曰在戚南河之北岸有目城城戚邑也東城有子路冢河之有竿城郡國志曰衛縣有竿城者也河南有龍淵宫武帝元光中河決濮陽汜郡十六發卒十萬人故決河起龍淵宫蓋武帝起宫於決河之傍龍淵之側故曰龍淵宫也

河水東北流而逕濮陽縣北為濮陽津

故城在南與衛縣分水城北十里有瓠河口有金堤宣房堰粤在漢世河決金堤涿郡王遵自益州

刺史遷東郡太守河水盛溢泛浸瓠子金堤決壞遵躬率民吏投沈白馬祈水神河伯親執圭璧請身塡堤廬居其上吏民皆走遵立不動而水決齊足而止公私壯其勇節

河水又東北逕衛國縣南東為郭口津河水又東逕城縣北

故城在河南一十八里王莽之鄄良也沇州舊治魏武創業始自於此河上之邑最為峻固晉八王故事曰東海三越治鄄城城無故自壞七十餘丈越惡之移治濮陽城南有魏使持節征西將軍太尉方城侯鄧艾廟廟南有艾碑秦建元十二年廣

武將軍沇州刺史閔内侯安定彭超立河之南岸有新城宋寧朔將軍王玄謨前鋒入河所築也北岸有新臺鴻基曽廣高數丈衛宣公所築新臺矣詩齊姜所賦也為廬閔津臺東有小城崎嶇頽側臺挄河俗謂之底閣城疑故閔津都尉治也所未詳矣

河水又東北逕范縣之秦亭西

春秋經書築臺于秦者也

河水又東北逕委粟津

大河之北即東武陽縣也

左會浮水故瀆

故瀆上承大河於頓丘縣而北出東逕繁陽故城
南故應劭曰縣在繁水之陽張晏曰縣有繁淵春
秋襄公二十年經書公與晉侯齊侯盟于澶淵杜
預曰在頓丘縣南今名繁汙澶淵即繁淵也亦謂
之浮水焉昔魏徙大梁趙以中牟易魏故志曰趙
南至浮水繁陽即是瀆也

故瀆東絶大河故瀆東逕五鹿之野
晉文公受塊於野人即此處矣京相璠曰今衛國
縣西北三十里有五鹿地今屬頓丘縣

浮水故瀆又東南逕國邑
城北故衛公國也漢光武以封周後也

又東逕衛國縣故城南古斟觀
應劭曰夏有觀扈即此城也竹書紀年梁惠成王
二年齊田壽率師伐趙圍觀觀降
浮水故瀆又東逕河牧城而東北出
郡國志曰衛國姚姓有河牧城
又東北入東武陽縣東入河又有漯水出焉
戴延之謂之武陽也地理志曰漯水出東郡武陽
縣令漯水上承河水於武陽縣東南西北逕武陽
新城東曹操為東郡所治也引水自東門石竇北
注于堂池池南故基尚存中城內又立一石甚大
城西門名水井門門內曲中冰井猶存門外有故

臺號武陽臺匝臺亦有隅雉遺迹

河水又東逕武陽縣東范縣西而東北流也又東北過東阿縣北河水於范縣東北流為倉亭津

述征記曰倉亭津在范縣界去東阿六十里魏土地記曰津在陽縣東北七十里津河濟名也

河水又歷柯澤

春秋左傳襄公十四年衛孫文子敗公徒於柯澤著也

逕東阿縣故城西而東北出流注

河水枝津東出謂之鄧里渠也

又東北過茌平縣西河自鄧里渠東北逕昌鄉亭北

逕碻磝城西

述征記曰碻磝津名也自黃河泛舟而渡者皆為津也其城臨水西南崩于河宋元嘉二十七年以王玄謨為寧朔將軍前鋒入河平碻磝守之都督劉義恭以沙城不守召玄謨令毀城而還後登城之魏立濟州治此也河水衝其西南隅又崩于河即故茌平縣也應劭曰茌山名也縣在山之平陸故曰茌平也王莽之功崇矣經曰大河在其西鄉里渠歷其東即斯邑也昔石勒之隷師懽屯耕於茌平聞鼓角鞞鐸之聲於是縣也而與柳城分河

河水又與鄧里渠水上承大河於東阿縣西東逕東

阿縣故城北

故衛邑也應仲瑗曰有西故稱東魏封曹雄爲侯國大城北門内西側皐上有大井其巨若輪深六七丈歲嘗煑膠以貢天府本草所謂阿膠也故世俗有阿井之名縣出佳繒縑故史記云秦昭王服大阿之劍阿縞之衣也

又東北逕縣邑與將渠合又北逕茌平縣東臨邑縣故城西北流入於河河水又東北流四瀆津

津西側岸臨河有四瀆祠東對四瀆口河水東分濟亦曰沛水受河也然滎口水右斷門不通始自是出東北流逕九里與清水合故沛瀆也自河入

濟自沛入淮自淮達江水徑周通故有四瀆之名
也昔趙殺鳴犢仲尼臨河而歎自是而返曰丘之
不濟命也夫琴操以為孔子臨狄水而歌矣狄水
衍兮風揚波船楫顛倒更相加余案臨濟故狄也
是濟所逕也得其通稱河水又逕揚墟縣也故城
東俗猶謂是城曰陽城矣河水又逕茌平城東城
內有故臺世謂之時平城非也蓋茌時音相近耳
疑縣徙也

又東北過高唐縣界

河水於縣漯水注之地理志曰漯水出東郡東武
陽縣今漯水上承河水於武陽縣東南西北逕武陽

新城東曹操為東郡所治也引水自東門石竇北
注于堂池池南故基尚存中城内又有一石甚大
城西門名水井門内曲中水井猶存門外有故臺
號武陽堂匜臺亦有隅雉遺迹水自城東北逕東
武陽縣故城南應劭曰縣在武水之湯王莽之
武昌也然則漯水亦或武水也臧洪為東郡太守
治此曹操圍張超於雍丘洪以情義請袁紹求之
不許洪與紹絕紹圍洪城中無食洪呼吏士曰洪
於大義不得不死諸君無事空受此禍衆泣曰何忍
捨明府也男女八千餘人相枕而死洪不屈紹殺洪
邑人陳容為丞謂曰寧與臧洪同日死不與將軍

同日生紹又殺之士為傷歎今城四周紹圍郭尚
存水西隍壍於城東北合為一瀆東北出郭逕陽
平縣之岡城西郡國志曰陽平縣有岡成亭逕陽
平縣故城東漢昭帝元平元年封丞相蔡義為侯
國漯水又北絕莘道城之西北有莘亭春秋桓公
十年公使伋使諸齊令盜待於莘伋壽繼殞於此
亭京相璠曰今平陽陽平縣北一十里有故莘亭
道阨限蹊要自衛適齊之道也望新臺於河上感
二子於宿齡詩人乘舟誠可悲矣今縣東有二子
廟猶謂之孝祠矣漯水又東北逕樂平縣故城東
縣故清也漢高帝八年封宮中同於清宣帝封許

廣少弟翁孫為樂平並為侯國王莽之清治矣漢章帝建始中更從今名也濕水又北逕聊城縣故城西城内有金城周匝有水南門有馳道絶水南出自外泛舟而行矣東門側有層臺秀出魯仲連所謂還高唐之兵卻聊城之衆者也

漯水又東北逕清河縣故城北

地理風俗記曰甘陵故清河清河在南一十七里今於甘陵縣故城東南無城以擬之直東二十里有艾亭城東南四十里有此城擬即清河城也後鑾居之故世稱鑾城也

漯水又東北逕文鄉城東南又東北慱平縣

故城内有層臺秀上王莽改之曰加陸也
右與黃溝同注川澤
黃溝承聊城郭水水泛則津注水耗則輟流自城
東北出逕清河城南又東北逕攝城北春秋所謂
聊攝以東也俗稱郭城非也城東西三里南北二
里東西隅有金城城卑下墟郭尚存左右多墳隴
京相璠曰聊城縣東北三十里有故攝城今此城
西去聊城二十五六里許即攝城者也
又東逕文鄉城又東南逕王城北
魏太常七年安平王鎮平原所築世謂之王城太
和二十三年罷鎮立平原郡治此城也

黄溝又東北逕左與漯水隱覆勢鎮河陸東出於高唐縣大河右迆東注漯水矣

桑欽地理志曰漯水出高唐余案竹書穆天子傳稱丁卯天子自五鹿東征釣於漯水以祭淑人是日祭丘己巳天子東征食馬於漯水之上尋其沿歷逕趣不得近出高唐也桑氏所言蓋津流出次于所聞也俗以是水土承于河亦謂之源河矣

漯水又東北逕援縣故城西

王莽之東順亭也杜預釋地曰濟南祝阿縣西北有援城

漯水又逕高唐縣故城東

昔齊威王使盼子守高唐趙人不敢漁於河即魯仲連子謂田巴曰今楚軍南陽趙伐高唐者也春秋左傳哀公十年趙鞅帥師伐齊取黎及轅毀高唐之郭杜預曰轅即援也祝阿縣西北有高唐城

漯水又東北逕漯陰縣故城北

縣故黎邑也漢武帝元光三年封匈奴降王莽更名翼城歷北漯陰城南伏琛謂之漯陽城南有魏沇州刺史劉岱碑地理風俗記曰平原漯陰縣今巨漯亭是也

漯水又東北逕著縣故城南又東北逕崔氏城北

春秋左傳襄公二十七年崔成請老崔氏者也杜

預釋地曰濟南東朝陽縣西北有崔氏城

漯水東南逕東朝陽故城南

漢高帝六年封都尉華寄為侯國地理風俗記曰

南陽有朝陽縣故加東地理志曰王莽之脩治也

漯水又東逕漢徵君伏生墓南

碑碣尚存以明經為秦博士秦坑儒士伏生隱焉

漢興教于齊魯之間文帝撰五經尚書太傅安車

徵之年老不行及使掌故歐陽生等受尚書於徵

君號曰伏生者也

漯水又東逕鄒平縣故城北

右鄒侯國舜後姚姓也

又東北逕界東鄒城北
地理志曰千乘郡有東鄒縣
濕水又東北逕建信縣故城北
漢高帝七年封婁敬為侯國應劭曰臨沛縣西北
五十里有建信城都治故城者也
濕水又東北逕千乘縣二城間
漢高帝六年以為千乘郡王莽之建信也章帝建
初四年為王國和帝永元七年改為樂安郡故齊
也伏琛曰千乘城齊城西北一百五十里隔會水
即濕水之别名也
又東北為馬常坑

坈東西八十里南北三十里亂河枝流而入于海
河海之饒兹焉爲最地理風俗記曰漯水東北至
千乘入海河盛則通津委海水耗則微消絶流書
浮于濟漯亦是水者也

又東北過楊墟縣東商河出焉

地理志曰楊虚平原之隷縣也漢景帝四年以封
齊悼惠王子将廬爲侯國也城在高唐城之西南
經次於此是不比也商河受首河亦漯水及澤水
所潭水也淵而不流世謂之清水自此雖沙漲墳
塞厥迹尚存歷澤而北俗謂之落里坈逕張公城
西又北重源潛發世謂之落里坈亦曰小漳河商

漳聲相近故字與讀移耳

商河又北逕平原縣東又逕安德縣故城南又東北逕昌平縣故城南又東逕般縣故城南又東逕樂陵縣故城南

漢宣帝地節四年封侍中史子長為侯國

商河又東逕初鄉縣故城南

高后八年封齊悼惠王子劉辟光為侯國也王莽更之曰張鄉也應劭曰般縣東南六十里有初鄉城故縣也

沙溝水注之

水南出大河之陽泉源之不合河者二百步其水

北流注商河

商河又東北流逕馬領城西北而流屈而東注南轉

逕城東

城在河曲之中東海王越斬汲桑於是城

商河又東北逕富平縣故城北

地理志曰侯國也王莽曰安樂亭應劭曰明帝更

名厭次闞駰曰厭次縣本富平矦車騎將軍張安世之

封邑非也按漢書昭帝元鳳六年封右將軍張安

世爲富平侯薨子延壽嗣國在陳留别邑魏郡陳

留風俗傳曰陳留尉氏縣安陵鄉故富平縣也是

乃安世所食矣歲入租千餘萬延壽自以身無功德

何堪父居先人大國上書減戶天子以為有讓徙
封平原并食一邑戶口和故而稅減半十三州志
曰明帝永平五年改曰厭次矣按史記高祖功臣
侯者年表高帝六年封元項為侯國徐廣音義曰
漢書作侯爰類字是知厭次舊名非始明帝蓋復故
耳縣西有東方朔冢側有祠祠神驗水側有雲城
漢武帝元封四年封齊孝王子劉信為侯國也
商河又分為二水南水謂之長聚溝
東流傾涇為海溝南海側有蒲臺臺高八丈方二
百步三齊略記曰鬲城東南有蒲臺秦始皇東遊
海上於臺下蟠蒲繫馬至今歲蒲生縈委若有繫

狀似水揚可以為箭令東去海三十里
北水世又謂之白薄瀆
東北流注于海水矣
大河又東北逕高唐縣故城西
春秋左傳襄公丁九年齊靈公廢太子光而立公
子牙以夙沙衛為少傳齊侯卒崔杼逆光光立殺
公子牙於句瀆之丘衛奔高唐以叛京相璠曰本
平原縣也為之西鄙也大河逕其西而不出其東
經言出東誤耳
大河又北逕張公城臨側河湄
魏青州刺史張治北故世謂之張公城水有津焉

名之曰張公渡

河水又北逕平原縣故城東

地理風俗記曰原博平也故曰平原矣縣故平原郡治矣漢高帝六年置王莽改曰河平也晉灼曰齊西有平原河河水北過高唐縣即平原也故經言河水逕高唐縣東非也案地理志曰高唐平原也高唐濕水所出平原則篤馬河導焉明平原非高唐大河不得出其東審矣

大河右溢世謂之甘棗溝

水側多棗故俗取名馬河盛則委泛水耗則輟流

故瀆又東北歷長堤逕温陰縣北

東逕著城北東為陂淀淵潭相接世謂之穢野薄

河水又東北逕陽阿縣故城西

漢高帝六年封郎中萬訢為侯國應劭曰温陰縣東南五十里有陽阿鄉故縣也

又東北過漯陽縣北河水自平原左逕安德城東而北為鹿角津東北逕般縣樂陵初鄉厭次縣故南厭次河

漢安帝永初二年劇縣畢毫等數百乘船寇平原縣令劉雄門下小吏所輔浮舟追至厭次津與賊合戰並為賊擒求代雄毫縱雄於此津所輔可謂孝盡愛敬義極君臣矣

河水又逕漯陰縣故城北

王莽之臣武縣也

河水又東北為漯沃津

漯沃縣故城南王莽之延亭者也地理風俗記曰千乘縣西北五十里有大河河北有漯沃城故縣也魏改為後部亭今俗遂名之曰右輔城

河水又東逕千乘城北

伏琛之所謂千乘北城者也

又東北過黎城縣北又東北過甲下邑濟水從西来注之又東北入于海

河水又東分為二水枝津東逕甲下城南東南歷常

沇注濟
經言沛水注河水自枝津東北流逕甲下邑北世
謂之倉子城非也又東北流入于海淮南子曰九
折注為海而流不絕者崑崙之輸也尚書禹貢曰
夾石碣石入于河山海經曰碣石之山繩水出焉
東流注于河河之入海舊在碣石今川流所導非
禹瀆也周定王五年河徙故瀆故班固曰商碣周
移也又以漢武帝元光二年河又徙東郡更注渤
海是以漢司空掾王璜言曰往昔天嘗連北風海
水溢西南出侵數百里故張折云碣石在海中蓋
淪於海水也昔燕齊遼曠分置營州今城届海濱

海水北侵城垂淪半王璜之言信而有徵碣石入海非無證

水經卷第五

水經卷第六

桑欽撰　酈道元注

汾水　澮水　涑水　文水
原公水　洞過水　晉水　湛水

汾水出太原汾陽縣北管涔山

山海經曰北次二經之首在河之東其東首枕汾其名曰管涔之山其上無草木而下多玉汾水出焉而流注于河十三州志曰出武州之燕京山亦管涔之異名也其山重阜脩層有草無木泉源導於南麓之下蓋稚水濛流耳又西南夾岸連山聯峯接勢劉淵族子曜嘗隱居於管涔之山夜中忽

有二童子入跪曰管涔王使小臣奉謁趙皇帝獻劒一口置前再拜而去以燭視之劒長二尺光澤非常背有銘曰神劒服御除衆毒曜遂服之劒隨時變為五色也後曜遂為胡王矣汾水又南與東西温溪合水出右近溪聲流翼注水上雜樹交陰雲垂烟接自是水流潭漲波襄轉泛又南逕一城東憑墉積石側枕汾水俗謂之代城城又南出二城間其城角倚翼枕汾流世謂之侯莫于城蓋語出戎方傳呼失實也汾水又南逕汾陽縣故城東川土寬平峘山夷水故地理志汾水出汾陽縣北山西南流者也漢高帝十一年封靳強為侯國後

立屯農積粟在斯謂之羊腸倉山有羊腸坂在晉陽西北石磴縈委若羊腸焉故倉坂取名矣漢永平中治呼池石臼河按司馬彪後漢郡國志常山南行唐縣有石臼谷蓋資乘呼池之水轉山東之費自都盧至羊腸倉將憑汾水以漕太原用實秦晉苦役連年轉運所經凡三百八十九隘死者無筭拜鄧訓為謁者監護水功訓隱括知其難立具言肅宗肅宗從之全活數千人和熹鄧后之立叔父以為訓積善所致也羊腸即此倉也魏土地記曰秀容胡人徙居之立秀容護軍治東去汾水六十里南與酸水合水源西出少陽之山東南流注

於汾水汾水又南出山東南流洛陰水注之水出新興郡西流逕洛陰城北又西逕盂縣故城南春秋左傳僖公二十八年分祈祈七縣為大夫之邑以盂丙為盂大夫水又西逕狼盂縣故城南王莽之狼調也左右夾澗幽深南面大壑俗謂之狼馬澗舊斷澗為城又南北門門闔故壁尚在洛陰水又西南逕陽曲城北魏土地記曰陽曲胡寄居太原界置陽曲護軍治其水西南流注于汾水汾水又南逕陽曲城西南注也

東南過晉陽縣東晉水從縣南東流注之

太原郡治晉陽城秦昭襄王三年立尚書所謂既

脩太原者也春秋說題辭曰高平曰太原原端也
平而有度廣延曰大鹵太原也釋名曰地不生物
曰鹵盧穀梁傳曰中國曰太原夷狄曰大鹵尚書
大傳曰東原底平大而高平者謂之太原郡取稱
焉魏土地記曰城東有汾水南流水東有晉使持
節都督并州諸軍事鎮北將軍太原成王之碑水
上舊有梁清洴殞於梁下豫讓死於津側亦襄子
解衣之所在也汾水西逕晉陽城南舊有介子推
祠前有碑廟宇傾頹唯單碑獨存矣今文字剝落
無可尋也

又南洞過水從東來注之

汾水又南逕梗楊縣故城東故榆次之梗陽縣也
魏獻子以邑大夫魏戊也京相璠曰梗陽晉邑也
今太原晉湯縣南四十里榆次界有梗陽地汾水
又南即洞過水會者也
又南過大陵縣東
昔趙武靈王遊大陵夢處女鼓琴而歌想見其人
吳廣進孟姚焉即於此縣也王莽改曰大寧矣汾
水於縣左迆為鄔澤廣雅曰水自汾出為汾陂其
陂東西四里南北一十餘里陂南接鄔地理志曰
九澤在北并州藪也呂氏春秋謂之大理又名之
曰溫淕之澤俗謂之鄔城許慎說文曰漹水出西

河中陽縣之西南入河即此水也湡水又會嬰侯之水山海經稱謁戾之山嬰侯之水出于其陰北流注于祀水右出祀山其水殊源共合注于嬰侯之水亂流逕中都縣南俗又謂之中都水侯甲水注之水發源縣胡甲山有長坂謂之胡甲嶺即劉歆遂初賦所謂越侯甲而長驅者也蔡邕曰侯甲亦邑名也在祁縣侯甲水又西北歷宜歲郊逕太谷謂之太谷水出谷西北流逕祁縣故城南自縣連延西接鄔澤是為祁藪也即爾雅所謂昭餘祈矣賈辛邑也辛貌醜妻不為言與之如皐射雉雙中之則笑也王莽之爾縣也又西逕京陵縣故城

北王莽更名曰致城矣於春秋為九原之地也故國語曰趙文子與叔向遊於九原曰若死者有知吾誰與歸叔向曰揚子乎文子曰行并植於晋國不免其身智不足稱吾其隨會乎納諫不忘其君矣故其京尚存漢興增陵於其下故曰京陵焉甲水又西北逕中都縣故城南臨城際水湄春秋昭公二年晋侯執陳無宇於中都者也漢文帝為代王都此武帝元封四年上幸中都宮殿上見光赦中都死罪以下甲水又西合為嬰侯之水逕鄔縣故城南晋大夫司馬彌牟之邑也謂之鄔水也俗亦曰慮水慮濡聲相近故因變焉又西北入鄔陂

而歸于汾流矣

又南過平陶縣東文水從西來流注

汾水又南與石桐水合即綿水也水出界休縣之綿山北流逕石桐寺西即介子推之祀也昔子推逃晉文公之賞而隱於綿上之山也晉文公求之不得乃封綿為介子推田曰以志吾過且旌善人因名斯山為介山故袁崧郡國志曰界休縣有介山綿上聚子推廟王肅喪服要記曰昔魯哀公祖載其父孔子問曰寧設桂樹乎哀公曰不也桂樹者起於介子推子推晉之人也文公有內難出國之狄子推隨其行割肉以續軍粮後文公復國忽

忘子推子推奉唱而歌文公始悟當受爵禄子推
奔介山抱木而燒死國人葬之恐其神魂霣於地
故作桂樹焉吾父生於宮殿死於枕席何用桂樹
為余槩夫子尚非璵璠送葬安能問桂樹為禮乎
王肅此證近於誣矣石桐水又西流注于汾水又
西南逕介休縣故城西王莽更名之曰分美矣城
東有徵士郭林宗宋子浚二碑宋冲以有道司徒
徵林宗縣也辟司徒舉太尉以疾辭其碑文之云
将蹈洪崖之遐迹紹巢由之逸軌翔區外以舒翼起
天路以高峙禀命不融享年四十有三建寧四年
正月丁亥卒凡我四方同好之人永懷哀痛乃樹

碑表墓昭銘景行云陳留蔡伯喈范陽盧子幹扶風馬日磾等遠來奔喪朋友服心喪暮年者如韓子助宋子浚等二十四人其餘門人著錫衰者千數其碑文故蔡伯喈謂盧子幹馬日磾曰吾為天下碑文多矣皆有慙容唯郭有道無愧於色矣汾水之石有左部城側臨汾水蓋劉淵為晉都尉所築也

又南過冠爵津

汾津名也在介休縣之西南俗謂之雀鼠谷數十里閒道隘水左右悉結偏梁閣道累石就路縈帶巖側或去一丈或高六丈上戴山阜下臨絕澗俗

謂之為暮般橋蓋通古之津隘又亦在今之地
嶮也
又南入河東界又南過永安縣西
故彘縣也周厲王流于彘即此城也王莽更名黄
城漢順帝陽嘉三年改曰永安縣霍伯之都也壁
唐城東瓚注漢書云堯所都也東去彘十里汾水
又東與彘水合水出東北太岳山禹貢所謂岳陽
也即霍太山矣山上有飛廉以善走事紂惡來多
力見知周王伐紂兼殺惡來飛廉先為紂使北方
還無所報乃壇於霍太山而致命焉得石棺銘曰
帝令處父不與殷亂賜汝石棺以葬死遂以 葬於

霍太山有岳廟廟甚靈鳥雀不棲其林猛虎常守
其庭又有靈泉以供祭事鼓動則泉流聲絶則水
竭湘東陰山縣有侯曇山有上雲壇壇前有石井
深數尺居常無水及臨祈禱則甘泉湧出周用則
已亦其比也彘水又西流逕觀阜北故有邑也原
過之從襄子也受竹書於王澤以告襄子襄子齋
三日親自剖竹有朱書曰余霍太山山陽侯天史
也三月丙戌余將使汝反滅智氏女亦立我於百
邑也襄子拜受三神之命遂滅智氏祠三神於百
邑使原過主之世謂其處為觀阜也彘水又西流
逕永安縣故城南西南流注于汾水汾水又南逕

霍城東故霍國也昔晉獻公滅霍趙夙爲御霍求
公奔齊晉國大旱卜之曰霍太山爲崇使趙夙召
霍君奉祀晉復穰也蓋霍求公之故居也汾水又
逕趙城西南穆王以封造父趙氏自此始也汾水
又南霍水入焉水出霍太山發源成潭漲七十步
而不測其深西南逕趙城南西流注于汾水
又南過楊縣東
閒水東出穀遠縣西山西南逕楊縣霍山南又西
逕故城北晉大夫僚公去安之邑也應劭曰故楊
侯國王莽更名有年亭也其水西流入于汾水汾
水逕楊城西不於東矣魏土地記曰平楊郡治楊

縣郡西有汾水南流者是也

西南過高梁邑西

黑水出黑山西逕楊城南又西與巢山水會山海經曰牛首之山勞水出焉西流注于潏水疑是水也潏水即巢山之水也水源東南出巢山東谷北逕浮山東又西北流與勞水合亂流西北逕高梁城北西流入于汾水又南逕高梁故城西故高梁之墟也春秋僖公二十四年秦穆公納公子重耳於晋害懷公於此竹書紀年晋出公三十年智伯瑶城高梁漢高帝十二年以為侯國封恭侯酈介於斯邑也

又南過平陽縣東

汾水又南逕白馬城西魏刑白馬而築之故世謂之白馬城今平陽郡治汾水又南逕平陽縣故城東晉大夫趙鼂之故邑也應劭曰縣在平河之陽堯舜竝都之也竹書紀年晉列公元年韓武子都平陽漢昭帝封度遼將軍范明友為侯國王莽之香平也晉立平陽郡治此矣水側有堯廟前有碑魏土地記曰平陽城東十里汾水東原上有小臺臺上有堯神屋石碑永嘉三年劉淵徙平陽於汾水得白玉印方四寸高二寸二分龍紐其文曰有新寶之印王莽所造也淵以為天授改永鳳二年

為河瑞元年汾水南與平陽合水出平陽西壺口山尚書所謂壺口治梁及岐也其水東逕狐谷亭北春秋時狄侵晉取狐廚者也又東逕平陽城南東入汾俗以為晉水非也汾水又南歷襄陵縣故城西晉大夫郄犨之邑也故其地有犨氏鄉亭矣縣蓋即陵以名氏也王莽更名曰幹昌也

又南過臨汾縣東

天井水出東陘山西南北有長嶺嶺上東西有通道即鉼蹬也穆天子傳曰乙酉天子西絕鉼蹬西南至鹽是其水三泉奇發西北流揔成一川西逕堯城南又西流入汾

又屈從縣南西流

汾水又經絳縣故城北竹書紀年梁武王二十五年絳中地坼西絕於汾汾水西逕虒祁宮北横水有故梁截汾水中凡有三十柱柱徑五尺裁與水平蓋晉平公之故梁也物在水故能持久而不敗也又西逕魏正平郡南故東州治大和中皇都徙洛罷州立郡矣又西逕王橋澮水入焉

又西過長修縣南

汾水又西與古水合出臨汾縣故城西黄阜下其大若輪西南流故横溝出焉東注于汾今無水又西南逕魏正平郡北又西逕荀城東古荀國也汲

郡古文晉武公滅荀以賜大夫原氏也古水又西
南入于汾汾水又西南逕長修縣故城南漢高帝
十一年以為侯國封莊悟也有修水出縣南而西
南流入汾汾水又西逕清原城北故清陽亭也城
北有清原晉侯蒐清原作三軍處也汾水又逕冀
亭南昔臼季使過冀野見郤缺耨其妻饁之相敬
如賓言之文公文公命之為卿復與之冀京相璠
曰今河東皮氏縣有冀亭古之冀國所都也杜預
釋地曰平陽皮氏縣東北有冀亭即此亭也汾水
又西與華水合水出北山華谷西南流逕一故城
西俗謂之梗楊城非也梗楊在榆次在非此案故

漢上谷長史侯相碑云侯氏出自倉頡之後踰殷
歷周各以氏分或著楚魏或顯齊秦晋鄉士爲斯
其也食　華陽今蒲坂北亭也既是城也其水
西南流注于汾汾于又逕稷山北在水南四十許
里山東西二十里南北三十里高十三里西去介
山一十五里山上有稷祠山下稷亭春秋宣公十
五年秦桓公治兵于稷以略狄土是也

又西過皮氏縣南

汾水西逕鄧丘北故漢氏之方澤也賈逵云漢法
三年祭地汾陰方澤澤中有方丘故謂之方澤丘
即鄧丘也許慎説文稱從邑癸聲河東臨汾地名

矣在介山北山即汾山也其山特立周七十里高三十里穎言在皮氏縣東南則可三十里乃非也今准此山可高十餘里山上有神廟廟側有靈泉祈祭之日周而不耗世亦謂之子推祠楊雄河東賦曰靈輿安步周流容與以覽于介山嗟文公而愍推兮勤大禹於龍門晉太康記及地道記與永初記並言子推所逃隱於是山即實非也余按介推所隱者綿山也文公環而封之為介推田號其山為介山杜預曰在西河介休縣者是也汾水又西逕耿鄉城北故殷都也帝祖乙自相徙此為河所毀故書叙曰祖乙圮于耿杜預曰平陽皮氏縣

東南耿鄉是也盤庚以耿在河北迫近山川乃自
耿遷亳後晉獻公滅之以封趙夙後襄子與韓魏
分晉韓康子居平陽魏桓子都安邑號為三晉此
其一也漢武帝行幸河東濟汾河作秋風辭於斯
水之上汾水又西逕皮氏縣南竹書紀年魏襄王
十二年秦公孫爰率師伐我國皮氏翟章率師救
皮氏圍疾西風十三年城皮氏者也漢河東太守
番係穿渠引汾水以溉皮氏縣故渠尚存今無水

又西至汾陰縣北西注于河

水南有長阜背汾帶河阜長四五里廣二里餘高
十丈汾水歷其陰西入河漢書謂之汾陰脽應劭

曰脽丘類也汾陰男子公孫祥望氣寶物之精上
見詳言之於武帝武帝於水獲寶鼎焉遷於甘泉
宮改其年曰元鼎即此處

澮水出河東絳縣東澮交東高山

澮水東出詳高山亦曰河南山又曰澮山西逕翼
城南按詩譜言晉穆侯遷都于絳翼孫孝侯改絳
為翼翼為晉之舊都也後獻公又北廣其城方二
里又命之為絳故司馬遷史記年表稱獻公九年
始成絳都左傳莊公二十六年晉士為城絳以深
其宮是也其水又西南合黑水嶺水導源東北黑
下谷西南流逕翼城北右引北川水出平川南流

注之亂流西南入澮水澮水又西南與諸水合謂
之澮交竹書紀年曰莊伯十二年翼侯焚曲沃之
禾于還作為文公也又有賀水東出近川西南至
澮交入澮又有高泉水出東南近川西北趣澮交
注澮又南紫谷水東出白馬山白馬川遁甲開山
圖曰絳山東距白馬山謂是山也西逕熒庭城南
而西出紫谷與乾河合即教水之技川也史記曰
起傳稱起涉河取韓安邑東至乾河是也其水西
與田川水合水出東溪西北至澮交入澮又有女
家水出于家谷竹書紀年曰莊伯以曲沃叛伐翼
公子萬救翼若叔軫追之至于家谷有范壁水出

於壁下並西北流至翼廣城昔晉軍北入翼廣以
築之因即其姓以名之二水合而為西北流至澮
交入澮澮水又西南與絳水合俗謂之白水也非
也水出絳山東至寒泉奮湧楊波北注懸流奔壑
十一許丈青崖若點黛素湍如委練望之極為奇
觀矣其水西北注流于澮應劭曰絳水出絳縣西
南蓋以故絳為言也史記稱智伯率韓魏引水灌
晉陽不沒者三板智氏曰吾始不知水可以亡人
國今乃知之汾水可以浸平陽絳水可以浸安邑
時韓居平陽魏居安邑魏桓子肘韓康子韓康子
履魏桓子肘足接於車上而智氏以亡魯定公問

一言可以喪邦有諸孔子以為幾乎余覩智氏之談矣汾水灌平陽或亦有之絳水澆安邑未識所由也

西過其縣南

春秋成公元年晉悼公謀去故絳欲居郇瑕魏獻子曰土薄水淺不如新田有汾澮以流其惡遂居新田又謂之絳即絳陽也蓋在絳澮之陽漢高帝六年封越騎將軍華無害為侯國縣南對絳山面背二水古文瑣語曰晉平公與齊景公乘至于澮上見乘白驂八駟以來有大貍身而孤尾隨平公之車公問師曠對首陽之神有大貍身孤尾其名

曰者飲酒得福則徽之蓋於是水之上也

又西南過虒祁宮南

宮在新田絳縣故城西四十里晉平公之所搆也時有石言於魏榆晉侯以問師曠曠曰石不能言或憑焉臣聞之作事不時怨讟動于民則有非言之物言也今宮室崇侈民力彫盡石言不亦宜乎叔向以為子野之言君子矣其宮也背汾面澮西則兩川之交會也竹書紀年曰晉出公五年澮絕于梁即是水也

又西至王橋注于汾水

晉智伯瑤攻趙襄子襄子奔保晉陽原過後至遇

三人於此澤自帶以下不見持竹二節與原過曰
為我遺無邺原過受之於是澤所謂王澤也

涑水出河東聞喜縣東山黍葭谷

涑水所出俗謂之華谷至周陽與洮水合水源東
出清野山世人以為清襄山也其水東大嶺下西
流出謂之唅口又西合涑水鄭使子產問晋平公
疾平公曰卜云臺台為崇史官莫知敢問子產曰
高辛氏有二子長曰閼伯季曰實沈不能相容帝
遷閼伯于商丘遷實沈于大夏臺台實沈之後能業
其官帝用嘉之國汾川由是觀之臺台汾洮之神也
賈逵曰汾洮二水名司馬彪曰洮水出聞喜縣故王

莽以縣為洮亭也然則涑水殆亦洮水之兼稱乎

又西過周陽邑南

其城南臨涑水北倚山原竹書紀年晉獻公二十五年正月翟人伐晉周有白兔舞于市即是邑也漢景帝以封田勝為侯國也涑水西逕董澤陂南即古池東西四里南北三里春秋文公六年蒐于董澤即斯澤也涑水又與景水合水出景山北谷山海經曰景山南望鹽販之澤北望少澤其草多藷藇秦椒其陰多赭其陽多玉郭景純曰鹽販之澤即解縣鹽池也按經不言有水今有水焉西北流注于涑水也

又西過其縣南

涑水又西逕仲郵鄉北又西逕桐鄉城北竹書紀年曰翼侯伐曲沃水捷武公請城于翼至洞庭乃返者也漢書曰漢武帝元鼎六年將幸緱氏至左邑桐鄉聞南越破以為聞喜縣者也涑水又西與沙渠水合水出東南近川西北流注于涑水涑水又西南逕左邑縣故南城故曲沃也晋武公自晋陽徙自秦改為左邑縣詩所謂從子于鵠者也春秋傳曰下國有宗廟謂之國在絳曰下國矣即新城也王莽之洮亭也涑水自城西注水流急濬輕津無緩故詩人以為激揚之水言不能流移束薪

耳水側即狐突遇申生處也春秋傳曰秋狐突適
下國遇太子太子登僕使曰夷吾無禮吾請帝以
畀秦對曰神不歆非類君其圖之君曰諾請七日
見我於新城西偏及期而往見於此處故傳曰鬼
神所憑有時而信矣涑水又西逕王官城北在南
原上春秋左傳成公十三年四月晋侯使吕相絶
秦曰康猶不悛入我河曲伐我涑川俘我王官故
有河曲之戰是矣今世人猶謂其城曰王城也
又西南過安邑縣西
安邑禹都也禹娶塗山氏女思戀本國築臺以望
之今城南門臺基猶存余案禮天子諸侯臺門隅

阿相降而已未必一如書傳也故晉邑矣春秋時魏降自魏徙此昔文侯縣師經之琴於其門以為言戒也武侯二年又城安邑蓋增廣之秦始皇使左更白起取安邑置河東郡王莽更名洮陽縣曰河東也有項寧都學道昇仙忽復還此河東號曰斥仙漢世又有閔仲叔隱遁市邑罕有知者後以識瞻而去涑水又西南逕監鹽縣故城城南有鹽池水承鹽水出東南薄山西北流逕巫咸山北地理志曰山在安邑縣東南水西經曰巫咸在女丑北右手操青蛇左手操赤蛇在登葆山羣巫所從上下也大荒西經云大荒之中有靈山巫咸即巫

盼巫彭巫姑巫貞巫孔巫抵巫謝巫羅十巫從此
升降百藥爰在郭景純曰言羣巫上下靈山採藥
往来也蓋神巫所遊故山得其名矣谷口嶺上有
巫咸祠其水又逕安邑故城南又西流注于鹽池
地里志曰鹽池在安邑西南許慎謂之鹽鹽長五
十一里廣六里周一百一十四里從鹽古聲呂宿也
忱沙煑海謂之鹽河東鹽池謂之鹽今池水東西
七十里南北十七里紫色澄渟渾而不流水出石
鹽自然印成朝取夕復終無減損唯山暴雨澍甘
潦奔迭則鹽池用耗故公私共渴水徑防其淫濫
故謂之鹽水亦為堨水也故山海經謂之鹽販之

澤也澤南面層山天巖雲秀池谷泉深左右壁立間不容軌謂之石門路出其中名之曰徑南通上陽北壁鹽澤池西又有一池謂之女鹽澤東西二十五里南北二十里在猗氏故城南春秋成公六年晉謀去故絳大夫曰郇瑕地沃饒近鹽服虔曰土平有溉曰沃鹽盬也土人鄉俗引水裂沃麻分灌川野畦水耗竭土自成鹽即所謂鹽鹺也而味苦號曰鹽田鹽盬之名始資是矣本司鹽都尉治領兵一千餘人以之周穆王漢章帝並幸安邑而觀鹽池故杜預曰猗氏有鹽池後罷尉司分猗氏安邑置縣以守之

又南過解縣東又西南注于張陽池

涑水又西逕猗氏縣故城北春秋文公七年晉敗秦于令狐至于刳首先蔑奔秦士會從之闞駰曰令狐即猗氏也刳首在西三十里縣南對澤即猗頓之故居也孔叢曰猗頓魯之窮士也耕則常寒聞朱公富往問術　朱公告之曰子欲速富當畜五牸於是乃適西河大畜牛羊于猗氏之南十年之間其息不可計貲擬王公馳名天下富於猗頓也涑水又西逕郇城詩云郇伯勞之蓋其故國也杜元凱春秋釋地云今解縣西北有郇城服虔曰郇國在解縣東郇瑕氏之墟也余按竹書紀年云

晋惠公十有五年秦穆公率師送公子重耳圍令狐桑泉臼衰皆降為秦師狐毛與先軫禦秦至于廬柳乃謂秦穆公使公子縶來與師言退舍次于郇盟于軍京相璠曰春秋土地名桑泉臼衰並在解東南不言解明不至解可知春秋之文與竹書不殊今解故城東北二十四里有故城在猗氏故城西北鄉俗名之為郇城考服虔之說又與俗符賢於杜氏單文孤證矣涑水又西南逕解縣故城南春秋晋惠公因秦返國許秦以河外王城内及解梁即斯城也涑川又西南逕瑕城晋大夫詹嘉之故邑也春秋僖公三十年秦晋圍鄭鄭伯使燭

之武謂秦公曰晋許君焦瑕朝濟而夕設版者也
京相璠曰今河東解縣西南五里有故瑕城涑川
又西南逕張陽城東竹書紀年齊師逐鄭太子齒
奔城張陽南鄭者也漢書之所謂東張矣高祖二
年曹叅假左丞相别與韓信東攻魏將孫林遬軍
東張大破之蘇林曰屬東即斯城也涑水又西南
屬于陂陂分為二城南面兩陂左右澤渚東陂世
謂之晋興澤東西二十五里南北八里南對鹽道
山其西則石壁千尋東則磻溪萬仞方嶺雲迴奇
峯霞舉孤標秀出罩絡羣山之表翠柏蔭峯清泉
灌頂郭景純云世所謂鷲鷲也發于上而潛於下

矣厥頂方平有良藥神農本草曰地有固活女疎
銅芸紫菀之族也是以緇服思玄之士鹿裘念一
之夫代往遊焉路出北獻勢多懸絕來去者咸援
蘿騰崟尋葛降深於東則連木乃陟百梯方降巖
側縻鎖之跡仍今存焉故亦曰百梯山也水泉山
北流五里而伏云潛通澤渚所未詳也西陂即張
澤也西北去蒲坂一十五里東西二十里南北四
五里冬夏積水亦時有盈耗也

文水出大陵縣西山文谷東到其縣屈南到平陶縣
東北東入于汾

文水逕大陵縣故城西而南流有泌水注之縣西

南山下武氏穿井給養井至幽深後一朝水溢平流東南注文水又南逕平陶縣之故城東西逕其城内南流出郭王莽更曰多穰也文水又南逕縣右會隱泉口水謁泉山之上頂俗云陽雨愆時是謁是禱故山得其名非所詳也其山石岸地嶮壁立天固崖平有一石室去地可五十餘丈爰有層松飾巖列栢綺望唯西側一處得歷級升陟頂上平地一十許頃沙門釋僧光表建二刹泉發於兩寺之間東流瀝石沿注山下又東津渠隱没而不恒流故有隱泉之名矣雨澤豐澍則通入文水又南逕茲氏縣故城東為文湖東西一十五里南北

三十里世謂之西河在縣直東一十里湖之西側
臨湖又有一城謂之猪城水澤所聚謂之都亦曰
猪蓋即水以名城也文湖又東逕中陽縣故城東
案晉書地道記太康地記西河中有陽縣舊縣也
文水又東南流與勝水合水出西狐岐之山東逕
六壁城南魏朝舊置六壁於其下防離石諸胡因
為大鎮太和中罷鎮仍置西河郡爲勝水又東合
陽泉水出西山陽溪東逕六壁城北又東南流注
于勝水勝水又東逕中陽故城南又東合文水文
水又東南入于汾水也

原公水出茲氏縣西羊頭山東過其縣北

縣故秦置也漢高帝更封沂陽侯嬰爲侯國王莽
之茲同也魏黄初二年西河恭王司馬子盛廟碑
文云西河舊處山林漢末擾攘百姓失所魏興更
開疆宇分割太原四縣以爲邦邑其郡帶山側塞
矣王以咸寧四年改命爵土其年十二月喪國臣
太農閻崇離石令宗羣等二百三十四人刊石立
碑以述勳德碑北廟基尚存也

又東入于汾

水注文湖不至汾也

洞庭水出沾縣北山

其水西流與南溪水合水出南山西北流注洞過

水又西北黑水西出山三合源舍同歸一川東流南屈受陽縣故城東按晋太康地記樂平郡有受陽縣盧諶征艱賦所謂歷受陽而揔轡者也其水西南入洞過水又西蒲水南出蒲谷北流注之于洞過又西與原過水合近北便水流也水西阜上有原過祠蓋懷道協霙受書天使憂結宿情傳芳後日棟宇雖淪攢木猶茂故層崧水取名焉其水南流注于洞過水也

西過楡次縣南又西到晋陽縣南

楡次縣故塗水鄉晋大夫智徐吾之邑也春秋昭公八年晋侯築虒祁之宫有石言晋之魏揄服虔

曰魏晉也榆州里名也漢書曰榆次十三州志以
為塗陽縣矣王莽之太原亭也縣南側水有鑿臺
韓魏殺智伯瑶於其下刳腹絶腸折頭指顱處也
其水又西南流逕武觀城西北盧諶征歎賦曰逕
武館之故郛問厥墮之遠近洞過水又西南為淳
湖謂之洞過津澤而涂水注之水出陽邑東北大
嵰山涂谷西南逕蘿磬亭南與蔣谷水合水出縣
東南蔣溪魏土地記曰晉陽城東南一百一十里
至山有蔣谷大道度軒車嶺通于武鄉水自蔣溪
西北流西逕箕城北春秋僖公三十三年晉人敗
狄于箕杜預釋地曰城在陽邑南水北即陽邑縣

故城也竹書紀年曰梁惠成王九年與邯戰榆次
陽邑者也三莽之繁穰矣蔣溪又西合涂水亂流
西北入洞過澤也
西入于汾出晉水下口者也
劉琨之為并州也劉淵引兵邀擊之合戰於洞過
即是水也
晉水出晉陽縣西懸壅山
縣故唐國也春秋左傳稱唐叔未生其母邑姜夢
帝謂已曰余名而子曰虞將與之唐屬之參及生
名之曰虞呂氏春秋曰叔虞與成王居王援桐葉
為珪以授之曰吾以此封汝虞以告周公周公請

曰天子封虞乎王曰余戲耳公曰天子無戲言時唐滅乃封之於唐縣有晉水後改名為晉故子夏叙詩稱此晉也而謂之唐儉而用禮有堯之遺風也晉書地道記及十三州志並言晉水出龍山一水結絀山在縣西北非也山海經曰懸甕之山晉水出焉今在縣之西南昔智伯之遏晉以水灌晉陽其川上源後人踵其遺蹟蓄以為沼沼西際山枕水有唐叔虞祠水側有涼堂結飛梁於水上左右雜樹交陰希見曦景至有淫朋密友羈遊宦子莫不尋梁契集用相娛慰於晉川之中最為勝處

又東過其縣南又東入于汾水

湖水分為二流北瀆即智氏故渠也昔在戰國襄子保晉陽智氏防山以水之城不没者三版與韓魏望歎於此故智氏用亡其瀆乘高東北注入晉陽城以周園漑漢末赤眉之難郡掾劉茂負太守孫福之於城門西下空穴中其夜奔盂即是處也東南出城流注于汾水也其南瀆於石塘之下伏流逕舊溪東南出逕晉陽城南城在晉水之陽曰晉陽矣經書晉荀吳師師敗狄於大鹵杜預曰大鹵晉陽縣也為晉之舊都春秋定公十三年趙鞅以晉陽叛後乃為趙矣其水又東南流入于汾

湛水出河内軹縣西北山

湛水出枳縣南源湛溪俗謂之湛水也是蓋聲盡
鄰故字讀俱變同于三豕之誤耳其水自溪之南流
東過其縣北又東過波縣之北
湛水南逕向城東而南注
又東毋辟邑南
源經所注斯乃汨川之所由非湛水之間関也是
經之誤證耳湛水自向城東南逕湛城東時人謂
之 城亦或謂之隰城矣溪曰隰澗隰城在東言
此非矣後漢郡國志曰河陽縣有湛城是也
又東南當平陰縣之東北南入于河
湛水又東南逕鄧南流注于河故河濟有鄧津之

名矣

水經卷第六

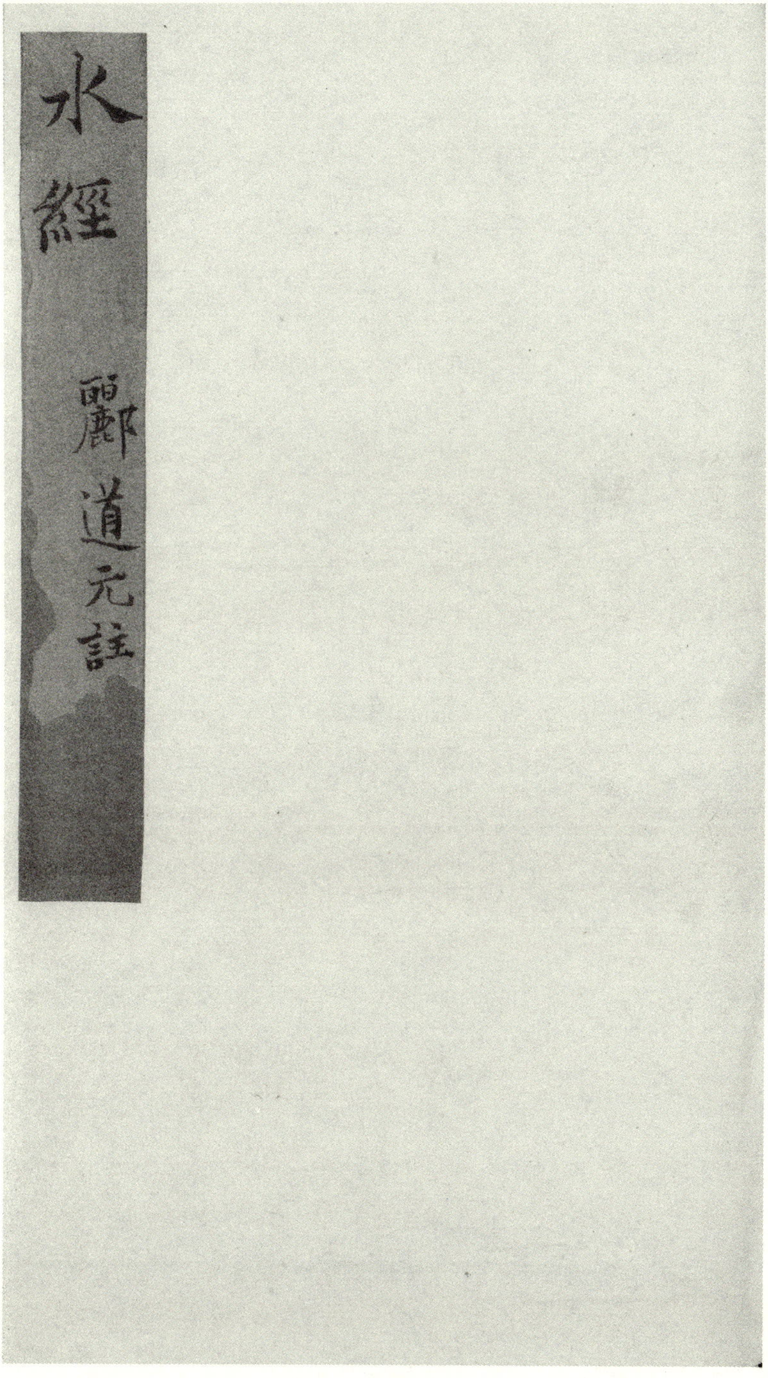
水經
酈道元註

水經卷第七

桑欽撰　　　　酈道元注

濟水

濟水出河東垣縣東王屋山為沇水

山海經曰聯水出焉西北流注于秦澤郭景純云聯沇聲相近即沇水也潛行地下至共山南復出于東丘今原城東北有東丘城孔安國曰泉源為沇流去為濟春秋說題辭曰濟齊也齊度也貞也風俗通曰濟出常山房子縣贊皇山廟在東郡臨邑縣濟齊其度量也余案二濟同名也所出不同鄉源亦別斯乃應氏之非矣今濟水重源出溫西

北平地水有二源東源出原城城東北昔晉文公伐原以信而原降即此城也俗以濟水重源所發因復謂之濟源城其水南逕其城東故縣之原鄉杜預曰沇水縣西北有原城者也是南流與西源合而源出原城西東流水注之水出西南東北流注于濟濟水又東逕原城南東合北水亂流東南注分為二水一水東南流俗謂之為衍水即沇水也衍沇聲相近傳呼失實也濟水又東南逕郗城北而出於温矣其一水枝津南流注于溴水出原城西北原山勳掌谷俗謂之為白澗水南逕原城西春秋會于溴梁謂是水之墳梁也爾雅曰梁莫

大於溴梁梁水堤也溴水又東南逕陽城東與南
源合水出陽城南溪陽亦㹴也一曰陽矣國語曰
王以陽樊賜晋陽人不服文公圍之倉葛曰陽夏
商之嗣典樊仲之宫守焉君而殘之無乃不可乎
公乃出陽人春秋樊氏叛惡王使虢公伐樊執仲
皮歸于京師即此城也其水東北流與漫流水合
水出軹關南東北流又北注于漫謂之漫流口溴
水又東合北水亂流東南左會濟水枝渠溴水又
東逕鍾繇塢北世謂之鍾公壘又東南塗溝水注
之水出軹縣西南山下北流東轉入軹縣故城中
又屈而北流出軹郭漢武帝元年封薄昭為侯國

也又東北流注于溴溴水又東北逕波縣故城北漢高帝封公上不害為侯國溴水又東南流天漿水澗水注之水出軹南單向城北在睪上俗謂之韓王城非也京相璠曰或云今河內軹西有地名向今無杜元凱春秋釋地亦言是矣葢相襲之向故不得以地名而無城也闞駰十三州志曰軹縣南山西曲有故向城即周向國也傳曰向姜不安于莒而歸者矣汲郡竹書紀年曰鄭侯使韓辰歸晋陽向二月城陽向更名陽為河雍向為高平即是城也其水有二原俱導各出一溪東北流合為一川名曰天漿溪又東北逕一故城俗謂之治城

亦曰治水又東流注于湨湨水又東南流右會同水水出南源下東北流逕白騎塢南塢在原上爲二溪之會北帶深隍三面岨嶮唯西被築而已東北流逕安國城西又東北注湨水湨水東南逕安國城東又南逕無辟邑西世謂之無北城亦曰馬髀城皆非也朝廷以居廢太子謂之河陽庶人也

湨水又南注於河也

又東至温縣西北爲濟水又東過其縣北

濟水於温城西北與故瀆分南逕温縣故城西周畿內國司寇蘇忿生之邑也春秋僖公十年秋滅温温子奔衛周襄王以賜晉文公濟水南歷虢公

臺西皇覽曰温城南有虢公臺基趾尚存濟水南流注于河郭緣生述征記曰濟河内温縣注于河蓋沿歷之實證非為謬說也濟水故瀆於温城西北東南出逕温城北又東逕虢公冢北皇覽曰虢公冢准温縣郭東濟水南大冢是也濟水當王莽之世川瀆枯竭其後水流逕通津渠勢改尋梁脉水不與昔同

屈從縣東南流過隤城西又南當鞏縣北南入于河

濟水故瀆東南合奉溝水水上承朱溝於野王城西東南逕陽鄉城北又東南流逕陽鄉城北又東南逕李城西秦攻趙邯鄲且降傳舍吏子李同說

平原君勝八家財饗士得敢死者三千人李同與赴秦軍秦軍退李同死封其父為李侯故徐廣曰河內平皋縣有李城即此城也於城西南為陂水淹地百許頃薫葭萑葦生焉號曰李陂人逕墳城西屈而東北流逕其城北又東逕平皋城南應劭曰邢侯自襄國徙此當齊桓公時衛人伐邢邢迁于夷儀其地屬者號曰邢丘以其在河之皐處勢平夷故曰平皐瓚注漢書云春秋狄人伐邢邢遷夷儀不至此今襄國西有夷儀城去襄國一百餘里平皐是邢丘非國也余案春秋宣公六年赤狄代晉圍邢丘者晉侯送女於楚送之邢丘即是此

處也非無城之言竹書紀年曰梁惠成王三年鄭
城邢丘司馬彪後漢郡國志云縣有邢丘故邢國
周公子所封矣漢高帝六年封碭郡長項他為侯
國賜姓劉氏武帝以為縣其水又南注于河也

與河合流又東過成臯縣北又東過滎陽縣北又東
至北礫磎南東出過滎陽北

釋名曰濟濟也源出河北濟河而南也晉地道志
曰濟自大伾入河與河水鬭南泆為滎澤尚書曰
滎波既豬孔安國曰滎波水以成豬闞駰曰滎波
嶓澤名也故呂忱云嶓水在滎陽也謂是水也昔
大禹塞其淫水而於滎陽下引河東南以通淮泗

濟水分河東南流漢明帝之世司徒伏恭薦樂浪人王景字仲通好學多藝善能治水顯宗詔與謁者王吴始作浚儀渠吴用景法水乃不害此即景作所修故瀆也渠流東注浚儀故復謂之浚儀渠也明帝永平十五年東巡至無鹽帝嘉景功拜河隄謁者漢靈帝建寧四年於敖城西北壘石為門以遏渠口謂之石門故世亦謂之石門水門廣十餘丈西去河三里石銘云建寧四年十一月黃場石也而主吏姓名磨滅不可復識魏太和中又更修之撤故增新石字淪落無復在者水北有石門亭戴延之所云新築城周城三百步滎陽太守所

鎮者也水南帶三山郎皇室山亦謂之為三室山也

濟水又東逕西廣武城北

郡國志滎陽縣有廣武城城在山上漢所城也高祖與項羽臨絕澗對語責羽十罪羽射漢祖中胷處也山下有水北流入濟世謂之柳泉也

濟水又東逕東廣武城北

楚項城之漢破曹咎羽還廣武為高祖置太公其上曰漢不下吾烹之高祖不聽將害之項伯曰為天下者不顧家但益怨耳羽從之令名其壇曰項羽堆亦城之間有絕澗斷山謂之廣武澗項羽叱婁煩於其上婁煩精魄喪歸矣

濟水又東逕敖山北

詩所謂薄狩于敖者也其山上有城即殷帝仲丁之所遷也皇甫謐帝王世紀曰仲丁自亳徙囂于河上者也或曰敖矣秦置倉於其中故亦曰敖倉城也

濟水又東合滎瀆

瀆水受河水有石門謂之為滎口石門也而地形殊卑蓋故滎播所道自此始也門南際河有故碑云惟陽嘉三年二月丁丑使河堤謁者王誨疏達河川述荒庶土云大河衝塞侵齧金堤以竹籠石葺蔕土而為遏壞隤無已功消億萬請以濵河郡

徒疏山采石壘以為鄣功業既就徭役用息未詳
詔書許誨立功府鄉規基經始詔榮加命遷在沇
州乃簡朱軒授使司馬登令纘茂前緒稱遂休功
登以伊洛合注大河南則緣山東過大伾回流北
岸其勢鬱懞濤怒湍急激疾一有決溢彌原淹野
蟻孔之變害起不測蓋自姬氏之所常慼昔崇鯀
所不能治我二宗之所劬勞於是乃跋涉躬親經
之營之比率百姓議之于臣伐石三谷水匠致治
立激岸側以捍鴻波隨時慶賜說以勸之川無滯
越水土通演役未踰年而功程有畢斯乃元勲之
嘉課上德之弘表也昔禹脩九道書録其功后稷

躬稼詩列于雅夫不憚勞謙之勤夙興厥職充國
惠氏亦得湮没而不章焉故遂刊石記功垂示于
後其辭云云使河堤謁者山陽東昏司馬登字伯
志代東萊典城王誨字孟堅河内太守守城向豹
字伯尹丞汝南鄧方字德山懷令劉丞字季意河
堤掾匠等造陳留浚儀邊韶字孝先頌石銘歲遠
字多淪缺其所滅蓋闕如也滎瀆又東南流注于
浦今無水次東得宿須水口水受大河渠側有扈
城水自亭東南流注于濟水今無水宿須在河之
北不在此也蓋名同耳自西緣帶山隰秦漢以來
亦有通否濟水與河渾濤東注晋太和中桓温北

伐将通之不果而還義熙十三年劉公西征又命
寧朔将軍劉遵考仍此渠而漕之始有激湍東注
而終山崩壅塞劉公於北十里更鑿故渠通之合
則南瀆通津川澗是導耳濟水於此又兼邲目春
秋宣公十三年晋楚之戰楚軍于邲即是水也昔
下京相璠曰在敖北

濟水又東逕滎陽縣北

曹太祖與徐榮戰不利曹洪授馬於此處也

濟水又東南瓅石溪水注之

水出滎陽城西南李澤澤中有水即古馮池也地
理志曰滎陽縣馮池在西南是也東北流歷敖山

南春秋晉楚之戰設伏于敖前謂是也逕虢亭北
池水又東北逕滎陽縣北斷山東北注于濟世謂
之礫石澗即經所謂礫溪矣經云濟出其南非也
濟水又東索水注之
水出京縣西南嵩渚山與東關分水即古旃水也
其水東北流器難之水注之山海經曰小陘之山
器難之水出焉而北流注于侵即此水也其水北
流逕金亭又北逕京縣故城西入于旃然之水城
故鄭邑也莊公以居弟段號京城大叔祭仲曰京
城過百雉國之害也城北有壇山罡趙世家成侯
二十年魏獻滎陽因以為壇臺罡也其水亂流北

逕小索亭西京相璠曰京有小索亭世語以為本索氏兄弟居此故號小索者也又為索水索水又北逕大柵城東晉滎陽民張卓董邁等遭荒鳩聚流離堡固名為大柵塢至太平真君年頻州刺史崔白自虎牢移州治此又東開廣舊城創制改築爲太和十七年遷都洛邑省州置郡索水又屈而西流與梧桐澗水合水西南梧桐谷東北流注于索斯水亦時有通塞而不常流也索水又北屈東逕大索城南春秋傳曰鄭子皮勞卉向於索水即此城也晉地道志所謂京有大索小索亭漢書京索之間也索水又東逕虢亭南應劭曰滎陽故虢之國

也今虢公是故馬淵郡國志曰縣有虢亭俗謂之
平咷城城内有大冢名管升冢或亦謂之為虢咷
城非也蓋虢虢字相類字轉失實也風俗通曰俗
說高祖與項羽戰於京索遁於薄中羽追求之時
鳩止鳴其上追之者以為必無人遂得脱及即位
異此鳩故作鳩杖以扶老案廣志楚鳩一名嘼啁
虢咷之名蓋因鳩以起目馬所未詳也索水又東
北流須水古入馬水近出京城東北二里榆子溝
亦曰柰榆溝也又亦或謂之為小索水東北流木
蓼溝水注之水上承京城南淵世謂之車輪淵淵
水東北流謂之木蓼溝又東北入于須水須水又

東北流於滎陽城西南北注索索水又東逕滎陽縣故城南漢王之困滎陽也紀信曰臣詐降楚王宜間出信乃乘王車出東門稱漢降楚楚軍稱萬歲震動天地王與數十騎出西門免得楚圍羽見信大怒遂烹之信冢在城西北三里故蔡伯喈述征賦曰過漢祖之所隘弔紀信於滎陽其城跨倚崗原居山之陽王莽立為新隊備周六隊之制魏正始三年歲在甲子被癸丑詔書割河南郡鞏縣自闕以東創建滎陽郡并戶二萬五千以南鄉築陽城鄉亭侯李勝字公照為郡守顧原武典農校尉政有遺惠民為立祠於城北五里號曰李君祠

廟前有石蹠蹠上有石的石的銘具存其略云百
族欣戴咸推厥誠今猶祀禱焉索水又東逕周苛
冢北漢祖之出滎陽也令御史大夫周苛守之項
羽拔滎陽獲苛曰吾以公為上將軍封三萬户侯
能盡節乎苛瞋目罵羽羽怒烹之索水又東流北
屈西轉北逕滎陽城東而北流注濟水杜預曰旃
然水出滎陽成皋縣東入汴春秋襄公十八年楚
伐鄭石師涉潁次于旃然即是水也濟渠水斷汴
溝唯承此始故云吸受旃然矣亦謂之鴻溝水蓋
因漢楚分王指水為斷故也郡國志曰滎陽有鴻
溝水是也蓋因城地而變名為川流之異目濟水

又東逕滎陽澤北故滎水所都也京相璠曰滎澤在滎陽縣東南與濟隧合濟隧上承河水於卷縣北河南逕卷縣故城東又南逕衡雍城西春秋左傳襄公十一年諸侯伐鄭西濟於濟隧杜預闕其地而名之水也京相璠曰鄭地也言濟水滎澤中北流至恒雍西與出河之濟會南去新鄭百里斯蓋滎播河濟往復逕通矣出河之濟即陰溝之上源也濟隧絕焉故世亦或謂其故道為十字溝自于岑造入激堤於河陰水脉徑斷故瀆難尋又南會于滎澤然水既斷民謂其處為滎澤春秋衛侯及翟人戰於滎澤而屠懿公弘演報命納肝處也

有垂隴城濟瀆出其北春秋文公三年晉士縠盟于垂隴者也京相璠曰垂隴鄭地今滎陽東二十里有故隴城即此是也世謂之都尉城蓋滎陽典農都尉治故变垂隴之名矣澤際又有沙城城左佩濟瀆竹書紀年梁惠成王九年王會鄭釐侯于巠沙者瀆際有故城世謂水城非也史記秦昭王四十二年魏冉攻魏走芒卯入北宅即故宅陽城也竹書紀年曰惠王十三年王及鄭釐侯明于巠沙以釋宅陽之圍歸釐于鄭者也竹書紀年晉出公六年濟鄭伐衛荀瑶城宅陽俗言水城非矣濟水自澤東出即是始矣王隱曰河決為滎濟水受

焉故有濟堤矣為北濟也濟水又東南逕蟄城東
春秋經書公會鄭伯于時來左傳所謂蟄也京相
璠曰今滎陽縣東四十里有故蟄城也濟水又合
黄水黄水發源京縣黄淮上東南流名祝龍泉泉
勢沸湧狀巨鼎湯湯西南流謂之龍項口世謂之
京水也又屈而北注魚子溝水入焉水出石暗澗
東北流又北與濕濕水合水出西溪東流水上有
連理樹其柞櫟也南北對生凌空交合溪水歷二
樹之間東注注于魚水魚水又屈而西北注黄水
黄水又北逕高陽亭東又北至故市縣重泉水流
之水出京城西南小陘山東北流又北流逕高陽

亭西東北流注于黄水又東北逕固市縣故城南
溪高帝六年封閻澤毋赤為侯國屬縣也黄水又
東北至滎澤南分為二水一水北入滎澤下為船
塘俗謂之郏城陂東西四十里南北二十里竹書
穆天子傳曰甲寅天子浮于滎水乃奏廣樂是也
一水東北流即黄雀溝矣穆天子傳曰壬寅天子
東至于雀梁者也又東北與靖水枝津合二水之
會為黄泉東北流注于濟水
又東過陽武縣北
濟水又東南流入陽武縣歷長城東南流蒗蕩渠
出焉

濟水又東北流南濟也逕陽武縣故城南王莽更名之曰楊恒矣又東為白馬淵淵東二里南北一百五十步泉流名為白溝又東逕房城北穆天子傳曰天子里甫曰之路東至于房疑即斯城也郭注云以為趙郡房子也余謂穆王里鄭甫而郭以趙之房邑為疆更為非矣

濟水又東逕封丘縣南

又東逕大梁城北東大逕倉垣城又東逕小黃縣之故城北縣有黃亭說濟又謂之曰黃溝縣故陽武之東黃鄉也故水以名縣沛公起兵野戰喪皇妣于黃鄉天下平定乃使使者梓宮招魂幽野於

是丹旐目水濯洗入于梓宫其浴處有遺髮焉故
謚曰昭靈夫人因作寢以亭神也
濟水又東逕東昏縣故城北
武陽縣之户牖鄉矣漢丞相陳平家焉平少為社
宰以善均肉稱令民祠其社平有功於高祖封户
牖侯是後置東昏縣也王莽改曰東明矣
濟水又東逕濟陽縣故城南
故武父城也城在濟水之陽故以為名王莽改之
曰濟前者也光武生濟陽宫光明照室即其處也
東觀漢記曰光武以建平元年生於濟陽縣是歲
有嘉禾生一莖九穗大於凡禾縣界大熟因名曰秀

又東過封丘縣北北濟也

自滎澤東逕滎陽卷縣之武脩亭南春秋左傳成公十五年鄭子然盟于脩澤者也鄭地矣杜預曰卷東有武脩亭

濟水又東逕原武縣故城南

春秋之原圃也穆天子傳曰祭父自圃鄭來謁天子夏庚午天子飲于洧上乃遣祭父如圃鄭是也王莽之原桓矣濟瀆又東逕陽武縣故城北又東絶長城築也案竹書紀年梁惠成王十二年龍賈率師築長城于西邉自亥谷以南鄭所城矣竹書云是梁惠王十五年築也郡國志曰長城自卷逕

巳下六葉是第九卷淇水注錯簡於此

淇水又東屈而西轉逕頓丘北故闞駰云頓丘在淇
水南又屈逕頓丘西爾雅曰山一成謂之頓丘釋
名謂一頓而成丘無高下小大之殺也詩所謂送
子涉淇至于頓丘者也魏徙九原西河出軍諸胡
置五軍於丘側故其名亦曰五軍也太和泉源水
水有二源一水出朝歌城西北東南老人晨將渡
水而沉吟難濟紂問其故左右曰老者髓不實故
晨寒也紂乃於此斮脛而視髓也其水南流東屈
逕朝歌城南晉書地道記曰本沬邑也詩云爰
唐矣沬之鄉矣殷王武丁始遷居之為殷都也禹
貢紂都在冀州大陸之野即此矣有糟丘酒池之

事焉有新聲靡樂號邑朝歌晉灼曰史記樂書行朝歌之音朝歌者歌不時也故墨子聞之惡而迴車不逕其邑論撰考讖曰邑名朝歌顏淵不舍七十弟子掩目宰予獨顧由蹷墮車宋均曰子路患宰予顧視凶地故以足蹷之使墮車也今城內有殷鹿臺紂昔自投於火處也竹書紀年曰武王親禽帝受于南單之臺遂分天之明南單之臺蓋鹿臺之異名也武王以殷之遺民封紂子武庚於兹邑分其地為三曰邶鄘衛使管叔蔡叔霍叔輔之為三監叛周討平以封康叔為衛箕子佯狂自悲故琴操有箕子操逕其墟父母之邦也不勝悲作

麥秀歌地居河淇之間戰國時皆屬於趙男女淫
縱有紂之餘風後乃屬晉王嶮多冦漢以虞詡為
令用文以難治致弟詡曰不遇盤根錯節何以别
利器乎又東與左水合謂之馬溝水水出朝歌城
北東流南屈至其城東又東流與美溝合水出朝
歌西北大嶺下更出逕駱駞谷於中逶迤九十曲
故俗有美溝之自矣歷十二崿崿流相承泉響不
斷返水捍注倦後深隍隍間積石千通水穴萬變
觀者若思不周賞情之圖狀矣其水更逕朝歌城
北又東南流注馬溝水又東南注淇水為肥泉也
故衛詩曰我思肥泉茲之永歎毛注云同出異歸

為肥泉爾雅曰歸異出同曰肥釋名曰本同出時所浸潤水所歸枝散而多似肥者也犍為舍人曰水異出流行合同曰肥今是水異出同歸矣博物志謂之澳水詩云瞻彼淇澳菉竹猗猗毛云緑王蒭也竹編竹也漢武帝塞決河斬淇園之竹木以為用寇恂為河內伐竹淇川治矢百餘萬以溢軍資今通望淇川無復此物唯王蒭編草不異毛興又言　隈也鄭亦不以為津源而張司空專以為水流入於淇非所究也然斯水即詩所謂泉源之水也故衛詩云泉源在左淇水在右衛女思歸指以為喻淇水左右蓋舉水所入為左右也淇水又

南歷坊堰舊淇水南東流逕黎陽縣界南入河地
理曰志淇水出共東至黎陽入河溝洫志曰在遮
害亭西一十八里至淇水曰是漢建安九年魏武
王於水口下大枋木以成堰遏淇水東入白溝以
通漕運故時人号其處為枋頭是以盧諶征艱賦
曰後背法枋巨堰深渠高堤者也自後遂廢魏熙
平中通之故渠歷楊城北東出今瀆破故堨其
堰悉鐵柱木石參用其故瀆南逕枋城西又南分
為二水一水南注清水水流上下更相通注河清
水盛北入故渠自此始矣一水東流逕枋城南東
與宛口合宛水上承淇水於元甫城西北自石堰

東注宛城西屈逕其城南又東南流歷五軍東北
得舊石逗故五水分流世号五穴口今惟通井為
二一水西注淇水謂之天井溝一水逕五軍東分
為蓼溝東入白祀陂又南分東入同山陂溉田七
十餘頃二陂所結即臺陰野矣宛水東南入淇水
淇水右合宿胥故瀆瀆受河於頓丘縣遮害亭東
黎山西北會淇水處立石堰遏水令更東北注魏
武開白溝因宿胥故瀆而加其功也故蘇代曰波
宿胥之口魏無虛頓丘即指是瀆也淇水又東北
流謂之白溝逕雍榆城南春秋襄公二十三年叔
孫豹救晉次于雍榆城者也淇水逕其城東東北

逕司山東又北逕其城東東北逕冢西世謂之頓
丘臺非也皇覽曰帝嚳冢在東郡濮陽頓丘城南
臺陰野中者也又北逕白祠山東歷廣陽里逕顓
頊冢西俗謂之殷王陵非也帝王世紀曰顓頊葬
東郡頓丘城南廣陽里大冢者是也淇水又北逕
頓丘縣故城西古文尚書以為觀地矣蓋太康弟
五君之号曰五觀者也竹書紀年晉定公三十一
年城頓丘皇覽曰頓丘者城門名頓丘道世謂之
殷皆非也蓋因丘而為名故曰頓丘矣淇水東北
逕柱人山東牽城西春秋左傳定公十三年公會
齊侯衛侯于牽者也杜預曰黎陽東北有牽城即

此城矣淇水又東北逕石柱岡東北注矣

又東過內黄縣南為白溝

淇水又東北逕并陽城西世謂之辟陽城非也即郡國志所謂內黄縣有并陽聚者也白溝又北左合陽水又東北流逕內黄縣故城南縣右對黄澤郡國志曰縣有黄澤者地理風俗記曰陳留有外黄故加內史記曰趙廉頗伐魏取黄即此縣

屈從縣東北與洹水合

白溝自縣北逕戲陽城東世謂之義陽郭春秋昭公十年晉荀盈如齊逆女還卒戲陽是也白溝又北逕高城亭東又洹水從西南來注之又北逕問

亭東即魏界也應劭曰縣故城魏武侯之別都也
城內有武侯臺王莽之魏城亭也左與新河合洹
水枝流也白溝又東北逕銅馬城西蓋光武征銅
馬所築也故城得其名矣白溝又東北逕羅勒城
東又東北漳水注之謂之利漕口自下清漳白溝
淇河咸得通稱也

又東北過館陶縣北又東北過清淵縣西

白溝水又東北逕趙城西又北阿難河出焉蓋魏
將阿難所導以利衡瀆首有阿難之稱矣白溝又東
北逕空陵城西又北逕喬亭城西東去館陶縣故
城十五里縣即春秋所謂冠氏也魏陽平郡治也

其水又屈逕其縣北又東北逕平恩縣故城東地理風俗記曰縣故館陶之別鄉也漢宣帝元康三年置以封后父許伯為侯國地理志王莽之延平縣矣淇水又東過清淵縣故城西又歷縣之西北為清淵故縣有清淵之名矣世謂之魚池城非也淇水又東北逕揄陽城北漢昭帝封太常江德為侯國文穎曰邑在魏郡清淵世謂之清淵城非也

又東北過廣宗縣東為清河

清河東北逕廣宗縣故城南順帝永元五年封皇太子萬年為王國田融言趙立建興郡於城內置臨清縣於水東自趙石始也清河之右有李雲墓

雲字行祖甘陵人好學善陰陽舉孝廉遷白馬令
中常侍單超等立掖庭民女亳氏爲后家封者四
人賞賜巨萬雲上書移列三府曰孔子云帝者諦
也今尺一拜用不逕御者是帝欲不諦乎帝怒下
獄殺之後冀州刺史賈琮使行部過祠雲墓刻石
表之今石柱尚存俗猶爲之李氏石柱清河又東
北逕界城亭東水上有大梁謂之界城橋英雄記
曰公孫瓚擊青州黄巾賊大破之還屯廣宗袁本
初自往征瓚合戰于界橋南二十里紹將鞠義破
瓚於界城橋斬瓚冀州刺史嚴綱又破瓚殿兵於
橋上即此梁也世謂之鬲城橋蓋傳呼失實矣清

河又東北逕信鄉西地理風俗記曰甘陵西北十七里有信鄉故縣也清河又北逕信城縣故城西應劭曰甘陵西北五十里有信城亭故縣也趙置水東縣於此城故亦曰水東城清河又東北逕清陽縣故城西漢高帝置清河郡治此中元二年景帝封皇子乘為王國王莽之河平也漢光武建武二年西河鮮于裒為清河太守作公廨未就而亡後守趙高計功用二百萬五官黄秉功曹劉適言四百萬錢於是裒乃鬼見白日道從入府與高及秉等對共計校定為適秉所割匿裒乃書表自理其略言高貴不尚節畝壟之夫而箕踞遺類研密

陽武到密者是矣
濟瀆又東逕酸棗縣之烏巢澤北
澤有故亭晋太康地曰地記曰澤棗之東南昔曹太
祖納許攸之策破袁紹運處也濟瀆又東逕封立
縣南燕縣之延鄉也其在春秋為長立焉應劭曰左
傳来敗狄于長立獲長狄縁斯是也漢高帝封翟
肝濮水出焉濟瀆又東逕大梁城之赤亭北而東注
又東過平立縣南北濟
縣故衛地也春秋魯昭公十三年諸侯盟于平立
是也縣有臨濟亭田儋死處也又有曲濟亭皆臨側
濟水者又東過濟陽縣北濟也

自武父城北圈稱曰闞駰曰在縣西北鄭邑也東
逕濟陽縣故城北陳留風俗傳曰縣故宋地也竹
書紀年梁惠成王三十年城濟陽漢景帝中元六
年封梁孝王子明為濟川王應劭曰濟川今陳濟
陽縣是也
又東過寃朐縣南又東定陶縣南南濟也
濟瀆自濟陽縣故城南東逕戎城北春秋隱公二
年公會戎于潛杜預曰陳留濟陽縣東南有戎城
是也
濟水又東北荷水東出焉
濟水又東北逕寃朐縣故城南呂后元年封楚元

王子劉執為侯國王莽之濟平亭也
濟水又東逕秦相魏冉冢
冉秦宣太后弟也代客卿壽燭為相封於穰益封
于陶號曰穰侯富於王室范雎說秦秦王悟其擅
權免相就封出關輜車千乘卒于陶而因葬焉世
謂之安平陵墓南崩碑南存
濟水又東北逕定陶恭王陵南
漢哀帝父也帝即位毋丁太后建平二年崩上曰
宜起陵于恭皇之園遂葬定陶貴震山東王莽秉
政貶號丁姬開其槨戶火出炎四五丈吏卒以水
沃滅乃得入燒燔槨中器物公卿遣子弟及諸生

四夷十餘萬人操持作具助將作掘平共王母傳太后墳及丁姬冢二旬皆平莽又周棘其處以為世戒云時有群鷰數千銜土投于丁姬竁中今其墳冢巍然尚秀隅阿相承列郭數周面開重門南門内夾道有崩碑二所世尚謂之丁昭儀墓又謂之長隧陵蓋所毀者傳太后陵耳丁姬墳墓事與書違不甚過毀未必一如史說也瀆南魏郡治也世謂之左城亦名之曰葬城蓋恭王之陵寢也

濟水又東北逕定陶縣故城南

側城東注也縣故三鬷國也湯追桀伐三鬷即此

周武王封弟叔振鐸之邑也故曹國漢宣帝甘露

二年更濟陰為定陶國王莽之濟平也戰國之世范蠡既雪會稽之耻乃变姓名寓之於陶為朱公以陶天下之中諸侯四通貨物之所交易也治産致千金富好行德子孫脩業遂致巨萬故言富者皆曰陶朱公也

又屈從縣東北流南濟也

又東北右合河水水瀆上承濟水於濟陽縣東世謂之五丈溝又東逕陶丘北地理志曰禹貢定陶西南有陶丘陶丘亭在南墨子以為釜丘也竹書紀年魏襄王十九年薛侯来會王于釜丘者也尚書所謂導河水自陶丘北謂此也河水東北出於

定陶縣北屈左合氾水氾水西分濟瀆東北逕濟陰郡南爾雅曰濟别為濋吕忱曰水别復入為氾廣異名也氾水又東合于河瀆昔漢祖既定天下即帝位於定陶氾水之陽張晏曰氾水在濟陰界取其氾愛弘大而潤下也氾水名於是乎在矣河水又東北逕定陶縣南又東北右合黄水枝渠渠上承黄溝東北合河而北注濟瀆也

水經卷第七

水經卷第八

桑欽撰　酈道元注

濟水

濟水又東至乘氏縣西分為二

春秋左傳僖公二十八年分曹地東傳於濟濟水自是北東流出巨澤其一水水南流其一水從縣東北流入鉅野澤

南為荷水北為濟瀆

逕乘氏縣與濟渠濮溝合北濟自濟陽縣北東北逕煑棗城南郡國志曰宛朐縣有煑棗城即此也漢高祖十二年封革朱為侯國

北濟又東北逕宛朐縣故城北又東北逕呂縣故城南王莽更名之曰祁都也又東北逕定陶縣故城北漢景帝以濟水出其北東注中元六年分梁於定陶置濟陰郡指爲濟而定名也

又東北與濮水

上承濟水於封丘縣即地理志所謂濮渠水首濟者也闞駰曰首受別濟即北濟也其故瀆自濟東北流左迤爲高梁陂方三里濮水又東逕匡城北孔子去衛適陳遇難於匡者也又東北左會别濮水受河於酸棗縣故杜預云濮水出酸棗縣首受

河竹書紀年曰魏襄王十年十月大霖雨疾風河
水酸棗郛漢世塞之故班固云大堙酸棗也今無
水其故瀆東北逕南北二棣城間左傳襄公五年
楚子囊伐陳公會于城棣以救之者也濮渠又東
北逕酸棗縣故城南韓國矣圈稱曰昔天子建國
名都或以合名或以山林故豫章以樹氏都酸棗
以棘名邦故曰酸棗也漢官儀曰舊河堤謁者居
之城西有韓王望氣臺孫子荊故臺賦敘曰酸棗
寺門外夾道左右有兩故臺訪之國老云韓王聽
訟觀臺高一十五仞雖樓泯滅然廣基似於山嶽
邵公大賢猶合甘棠區區小國而臺觀隆崇驕盈

於世以鑒來今故作賦曰嵬丘陵之邐迤亙五嶽之嵯峨言壯觀也城北韓之市地也聶政爲濮陽嚴仲子刺韓相俠累遂披面而死其姊哭之於此城內後有漢酸棗令劉孟陽碑濮水北稱成陂陂方五里號曰同池陂又東逕胙亭東注故胙國也富辰所謂邢茅胙祭周公之胤也濮渠又東北逕燕城內故南燕姞姓之國也有北燕故以南氏縣東爲陽清湖陂南北五里東西三十里亦曰燕城湖逕桃城南即戰國策所謂酸棗虛桃者漢高帝十二年封劉襄爲侯國而東注于濮俗謂之朝平溝渠又東北又與酸水故瀆會酸瀆首受河於

酸棗縣東逕酸棗城北延津南謂之酸水竹書紀
年曰秦蘇胡率師伐鄭韓襄敗秦蘇胡于酸水者
也酸瀆水又東北逕燕城北又東逕滑臺城南又
東南逕瓦亭南春秋定公八年公會晉師於瓦魯
尚執羔自是會始也又東南會于濮世謂之百尺
溝濮渠之側有漆城竹書紀年梁惠成王十六年
邯鄲伐衛取漆富兵城之者也或亦謂之濮宛亭
春秋甯武子與衛人盟于宛濮杜預曰長垣西南
近濮水也京相璠曰衛地也似非關宛而不知其
所竹書紀年梁惠成王五年公子景賈率師伐鄭
韓明戰于陽我師敗逋澤北壇陵亭亦或謂之大

陵城非所究也又有桂城竹書紀年梁惠成王十七年齊田期伐我東鄙戰于桂陽我師敗逋亦曰桂陵案史記齊威王使田忌擊魏敗之桂陵齊於是疆自稱為王以令天下濮渠又東逕蒲城北故衛之蒲邑孔子將之衛子路出於蒲者也韓子曰魯以仲夏起長溝子路為蒲宰以私粟饋衆孔子使子貢毀其器焉余案家語言仲由為蒲宰脩溝瀆與之簞食瓢飲夫子令賜上之無魯字又入其境三稱其善身為大夫終死衛難濮渠又東逕帝城南即白馬縣之帝鄉也史遷記曰夏伯豕帝之故國矣城西出而不方城中有六大井皆隧道下

俗謂之江井也有馳道自城屬于長垣濮渠東絕
東馳道逕長垣縣故城北衛地也故首垣矣秦更
從今名王莽改為長固縣陳留風俗傳曰縣有防
垣故縣氏之孝安帝以建光元年封元舅來俊為
侯國縣有祭城濮垣逕其北鄭大夫祭仲之邑也
杜預曰陳留長垣縣東北有祭城者也圈稱又言
長垣縣有羅亭故長羅縣也漢封後將軍常惠為
侯國地理志曰王莽更長羅為惠澤後漢省并長
垣有長羅澤即吳季英牧猪處也又有長羅罡蘧
伯玉罡陳留風俗傳曰長垣縣有蘧伯鄉一名新
鄉有蘧亭伯玉祠伯玉冢曹大家東征賦曰到長

垣之境界兮察農野之居民覩蒲城之丘墟兮生
荆棘之蓁蓁蘧氏在城之東南兮民亦嚮其丘墳
唯令德之不朽兮身既没而名存昔吴季札聘上
國至衛觀典府賓亭父疇以衛多君子也濮渠又
東分為二瀆北濮出焉濮渠又東逕須城北衛詩
云思須與曹也毛云須衛邑矣鄭云自衛而東逕
邑故思濮渠又北逕襄丘亭南竹書紀年曰襄王
七年韓明率師伐襄丘十年楚庶章率師淶會我
次于襄丘者也濮水東逕濮陽縣故城南昔師延
為紂作靡靡之樂武王伐紂師延東走自投濮水
而死矣後衛靈公將之晋而設舍於濮水之上夜

聞新聲召師涓受之於是水也濮水又東逕泲陰
離狐縣故城南王莽之所謂狐瑞也郡國志曰故
屬東郡濮水又東逕葭密縣故城北竹書紀年幽
公十三年魯季孫會晉文公於楚丘即葭密遂城
之濮水又東北逕鹿城南郡國志曰濟陰乘氏縣
有鹿城鄉春秋僖公二十一年盟于鹿上京杜並
謂此亭也濮水又東與句瀆首受濮水枝渠於句
陽縣東南逕句陽縣故城南春秋之穀丘也左傳
以為句瀆之丘矣縣處其陽故縣氏焉又東入乘
氏縣左會濮水與濟同入鉅野故地理志曰濮水
自濮陽南入鉅野亦經所謂濟水自乘氏縣兩分

東北入扵鉅野也

濟水故瀆又北右合洪水

上承鉅野薛訓渚歷澤西北渚又北逕闞鄉城西春秋桓公十有一年經書公會宋公于闞郡國志曰東平陸有闞亭皇覽曰蚩尤冢在東郡壽張縣闞鄉城中冢高七尺常十月祠之有赤氣出如絳民名為蚩尤旗十三州志曰壽張有蚩尤祠又北濟瀆合自渚迄于北口一百二十里名曰洪水桓温以太和四年率衆北入掘渠通濟至義熙十三年到武帝西入長安又廣其功自洪口已上又謂之桓公瀆濟自是北注也春秋莊公十八年經書

夏公追戎於濟西京相璠曰濟水自鉅野至濟北
是也
又東北過壽張縣西界安民亭南汶水從東北来注之
濟水又北汶水注之戴延之所謂清口也郭緣生
述征記曰清河首受洪水北流濟或謂清則濟也
禹貢濟東北會于汶今枯渠注巨澤巨澤北則清
水清水與汶會也李欽曰汶水出太山萊蕪縣西
南入濟是也濟水又北逕梁山東袁宏北征賦曰
背梁山截汶波即此處也劉澄之引是山以證梁
父為不近情矣山之西南有吕仲悌墓河東岸有
石橋橋本當河河移故側岸也古老言此橋東海

呂毋起兵所造也山北三里有呂毋宅宅東三里
即濟水
濟水又北逕須朐城西
城臨側濟水故須國風姓也春秋僖公三十一年
子魚曰任宿須朐實司太皞與有濟之祀　杜預曰
須朐在須昌縣西北非也地理志曰壽張縣西北
有朐城者是也濟水西有安民亭亭北對安民山
東臨濟水水東即無塩縣界也山西有冀州刺史
王紛碑漢中平四年立
濟水又逕微鄉東
春秋莊公二十八年經書冬築郿京相璠曰公羊

傳謂之微在東平壽張縣西北三十里有故微鄉魯邑也杜預曰有微子冢濟水又北分為二水其枝津西北出馬謂之馬頰水者也

又北過須昌縣西

京相璠曰須朐一國二城兩名蓋遷都須昌朐是其本秦以為縣漢高帝十一年封趙衍為侯國濟水於縣趙溝水注之

濟水又北逕漁山東左合馬頰水

水首受濟西北流歷安民山北又西流趙溝出焉東北注于濟馬頰水又逕桃城東春秋桓公十年經書公會衛侯于桃丘衛地也杜預曰濟北東阿

縣東南有挑即桃丘矣馬頰水又東北流逕山南山即吾山也漢武帝瓠子歌所謂吾山平者也山上有柳舒城魏東阿王曹子建每登之有終焉之志及其終也葬山西西去東阿城四十里其水又東注于清濟謂之馬頰口也

濟水自魚山北逕清亭東

春秋隱公四年公及宋公遇于清者也京相璠曰今濟北東阿東北四十里有故清亭即春秋所謂清者也是濟水通得清之目焉亦水色清深用襲厥稱矣是故燕王曰吾聞齊有清濟濟河以為固即此水也

又北過穀城縣西

濟水側岸有尹卯壘南去漁山四十餘里是穀城縣界故春秋之小穀城也齊桓公以魯莊公二十三年城之邑管仲焉城內有夷吾井魏土地記曰縣有穀城山山出文石陽穀之地春秋齊侯宋公會于陽穀者也穀有黃山臺黃石公與張子房期處也又有狼水出東南大檻山狼溪西狼溪西北逕穀城西又北有西流泉出城東近山西北逕穀城北西注狼水以其流西故即名焉又西北入清水城西北三里有項王羽之冢半許毀壞石碣存題云項王之墓皇覽云冢去縣十五里謬也今

彭城穀陽城西南又有項羽冢非也余按史遷記魯為楚守漢王示羽首魯乃降遂以魯公禮葬羽於穀城寧得言彼也

濟水又北逕周首亭西

春秋文公十有二年左丘明云襄公二年王子成父獲長狄僑如弟榮如理其首於周首之北門即是邑也今世謂之盧子城濟北郡治也京相璠曰今濟北所治盧子城故齊周首邑也

又北過臨邑縣東

地理志曰縣有濟水祠也王莽之穀城亭也水有石門以石為之故濟水之門也春秋隱公五年齊鄭

會于石門鄭車憤濟即於此也京相璠曰石門齊地今濟北盧縣故城西南六十里有故石門去水三百步蓋水瀆流移故側岸也

濟水又北逕平陰城西

春秋襄公十八年晉侯沉玉濟河會于魯濟尋溴渠之盟同伐齊齊侯禦諸平陰者也杜預曰城在盧縣故城東北非也京相璠曰平陰齊地也在濟北盧縣故城西南十里平陰城南有長城東至海西至濟河道所由名防門去平陰三里齊侯塹防門即此也其水引濟故瀆尚存今防門北有光里齊人言廣音與光同即春秋所謂守之廣里者也

又云巫山在平陰東北昔齊侯登望晉軍畏衆而歸師曠邢伯聞鳥烏之聲知齊師潛遁人物咸淪地理昭著賢於杜氏東北之證矣今巫山之上有石室世謂之孝子堂濟水有迤過為湄湖方四十餘里

濟水又東北至垣苗城西

故洛當城也伏韜北征記曰濟水又與清河合流至洛當者也宋武帝西征長安令垣遵鎮此故俗人有垣苗之稱河水自泗瀆口東北流而為蒲魏土地記曰盟津河別流十里與清水合亂流而東逕洛當城北黑白異流涇渭殊別而東南流注也

又東北過盧縣北

濟水東北與湄溝合水上承湄湖北流注濟爾雅曰水草交曰湄通谷者微揵為舍人曰水草木交合也郭景純曰微水邊通谷也釋名曰湄臨目也

濟水又逕盧縣故城北

濟北郡治也漢和帝永元二年分泰山置蓋以濟水在北故也濟水又逕什城北城際水湄故邸閣也祝阿人孫什將家居之以避時難因謂之什城焉

濟水又東北與中川水合

水東南出山茌縣之分水縣溪一源兩分泉流半解亦謂之分流交半水南出太山入汶半水出山

荏縣西北流逕東太原郡南郡治山爐固北與漢賓谷水合水出南格馬山漢賓溪北逕盧縣故城北陳敦戍南西北流與中川合謂之格馬口其水又北逕盧縣故城東而北流入濟俗謂之爲沙溝水

濟水又東北右會玉水

導源太山朗公谷谷舊名琨瑞溪有沙門竺僧朗少事佛圖澄碩學淵通尤明氣緯隱于此谷因謂之朗公谷故車頻秦書云符堅時沙門竺僧朗嘗從隱士張巨和遊和常穴居而朗居琨瑞山大起殿舍連樓疊閣雖素飾不同並以靜外致稱即此谷也水亦謂之琨瑞水也其水西北流逕玉符山

又曰王水又西北逕獵山東又西北扺祝阿縣故城東野井亭西春秋昭公二十五年經書齊侯唁公于野井是也春秋襄公十九年諸侯盟于祝阿左傳所謂督陽者也漢興改之曰阿矣漢高帝十一年封高邑為侯國王莽之安城者也故俗謂是水為祝阿澗水北流注于濟建武五年耿弇東擊張步從朝陽橋濟渡兵即是處也

濟水又東北濼水出焉

濼水出歷縣故城西南泉源上舊水涌若輪春秋桓公十八年公會齊侯于濼是也俗謂之為娥姜水也以泉源有舜妃娥英廟故也城南對山山上

有舜祠山下有大穴謂之舜井抑亦茅山禹井之
比矣書舜耕歷山亦云在此所未詳也其水北為
大明湖西即大明寺寺東北兩面側湖此水便成
淨池也池上有客亭左右楸桐負日俯仰目對魚鳥
極水木明瑟可謂濠梁之性物我無違矣湖水引瀆
東入西郭東至歷城西而側城北注湖水上承東
城歷祀下泉源競發其水北流逕歷城東又北引
水為流杯池州僚賓燕公私多萃其上分為二水
右水北出左水西逕歷城北西北為陂謂之歷水
與濼水會自水枝津合水首受歷水於歷城東東
北逕東城西而北出郭又北注濼水又北聽水出

焉濼水又北流注于濟謂之濼口也
濟水又東北華不注山
單椒秀澤不連陵以自高虎牙桀立孤峯特拔以
刺天青崖翠發望同點黛山下有華泉故京相璠
曰春秋王地名也華泉華不注山下泉水也春秋
左傳成公二年齊頃公與晉郤克戰于鞌齊師敗
績遂之三周華不注逢丑父與公易位將及華泉
驂絓於木而止丑父使公下如華泉取飲齊侯以
免韓厥獻丑父郤子將戮之呼曰自今無有代其
君任患者有一於此將為戮矣郤子曰人不難以
死免其君我戮之不祥赦之以勸事君乃免之即

華水也北絕聽瀆二十里注于濟
又東北過臺縣北
巨合水南出雞山西北北逕巨合故城西耿弇之
討張步也守巨里即此城也三面有城西有深坑
坑西即弇所營也與費邑戰斬邑於此巨合水又北
合關盧水關盧水導源馬耳山北逕博亭城西西
北流至平陸城與武原水合水出譚城南平澤中
世謂之武原泉北逕譚城東俗謂之有城也又北
逕東平陵縣故城西故陵城也後乃加平譚國也
齊桓之出過譚譚不禮焉魯莊公九年即位又不
朝十年滅之城東門外有樂安任照先碑濟南治

也漢文帝十六年置為王國景帝二年為郡王莽
更名樂安郡其水又北逕巨合城東漢武帝以封
城陽頃王子劉發于為侯國其水合關盧水而出
注巨合水西北逕臺縣故城南漢高帝六年封東
郡尉戴野為侯國王莽之臺治也其水西北流白
野泉水注之水臺城西南白野泉北逕留山西北
流而右注巨合水又北聽水注之水上承樂水東
流北屈又東北流注于巨合水亂流又北入于濟

濟水又東北合芹溝水

水出臺縣故城東南西北流逕臺城東又西北入
于濟水

又東北過管縣南

濟水東逕縣故城南漢景帝二年封齊悼惠王子罷軍為侯國右納百脉水百脉水出土鼓縣故城西水源方百步百泉俱出故謂之百脉水其水西北流逕楊丘縣故城中漢孝景帝四年以封齊悼惠王子劉安為楊丘侯世謂之章丘城非也城南有女郎山山上有神祠俗為之女郎祠左右民祀焉其水西北出城北逕黃巾固蓋賊所屯故固得名焉百脉水又東北流注于濟濟水東又有楊渚溝水於逢陵故城西南西北逕土鼓城東又西北漳丘城東又北逕甯西而北流注于濟水也

又東過梁鄒縣北

隴水南出長城中北流至般陽縣故城西南與般水會水出縣東南龍山俗亦謂之為左阜水西北逕其城南王莽之濟南亭也應劭曰縣在般水之陽縣資名馬其水又南屈西入瀧水北逕其縣西北流至萌水口萌水出西南甲山東北逕萌山西東北入于瀧瀧水又西北至梁鄒東南與魚子溝水合水南出長白山東抑泉口山即陳仲子夫妻之所隱也孟子曰仲子齊國之世家兄戴祿萬鍾仲子非而不食避兄離母家于於陵即此處也其水又逕於陵縣故城西王莽之於陸也世祖建武

十五年更封則鄉侯侯霸為侯國其水北流注于
瀧水瀧水即古袁水也故京相璠曰濟南梁鄒縣
有袁水者也瀧水又西北逕梁鄒縣故城南又北
屈逕其城西漢高祖六年封武儒為侯國其水北
注濟其城之東北又有時水西北注焉

又東北過臨濟縣南

縣故狄邑也王莽更名利居漢記安帝永初二年
改從今名以臨濟故地理風俗記云石樂安太守
治晏謨齊記曰有南北二城隔濟南水城即被陽
縣之故城也北枕濟水地理志曰侯國也如淳曰
音減罷軍之罷也史記建元以來王子侯者年表

曰漢武帝元朔四年封齊孝王子敬侯劉𤇍之國
也今勃海僑郡治

濟水又東北迤為淵渚謂之平州

沉沉側有平安縣故城俗謂之會城非也案地理
志千乘郡有平安縣侯國也王莽曰鴻睦也應劭
曰博昌縣西南三十里有安平亭故縣也世尚存
平州之名矣濟水又東北逕高昌縣故城西案地
理志曰千乘郡有高昌縣漢宣帝地節四年封董
志為侯國世謂之馬昌城北也

濟水又東北逕樂安縣故城南

伏琛齊記曰博昌城西北五十里有南北二城相

去三十里隔時濟二水指此爲慱昌北城非也樂
安與慱昌薄姑分水俱同西北薄姑去齊城六十
里樂安越水差遠驗非尤明班固曰千乘郡有樂
安縣應劭曰取休令之名矣漢武帝元朔五年封
李蔡爲侯國城西三里有任光等冢光是縣人不
得爲慱昌明矣濟水又經薄姑城北後漢郡國志
曰慱昌縣有薄姑城地理書曰吕尚封於齊郡薄
姑薄姑故城在臨菑縣西北五十里近濟水史遷
曰胡公徙薄姑城内有高臺春秋昭公二十二年
齊景公飲于臺上曰若古不死何樂如之晏平仲
對曰昔爽鳩氏始居之季萴因之逢伯陵又因之

薄姑氏又因之臣以為古不死爽鳩氏之樂非君
之樂即於是臺也濟水又東北逕狼牙固西而東
北流也
又東北過利縣西
地理志曰千乘郡有利縣王莽之利治也晏謨曰
縣在濟城北五十里
又東北過甲下邑入于河
濟水東北至甲下邑南東歷琅槐縣故城北地理
風俗記曰博昌東北八十里有琅槐鄉故縣也山
海經曰濟水絶鉅野注勃海入濟琅槐東北者也
又東北河水枝津注之水經以為入河非也斯乃

河水注濟非濟入河

又東北入海

郭景純曰濟自滎陽至樂安傳昌入海今碣濟水仍流不絕經言入河二説並失然河水於濟漯之北別流注海今所輟流者惟漯水耳郭或以為濟注之事實非也尋經脉水不如山經之為密矣

其一水東流者過乗氏縣南

河水分濟於定陶東北東南右合黄汲枝流俗謂之界溝也北逕巳氏縣故城西又北逕景山東衛詩所謂景山與京者也毛公田景山大山也又北逕楚丘城西郡國志曰成武縣在楚丘亭杜預云

楚丘在成武縣西南衛懿公為狄所滅衛文公東徙渡河野處曹邑齊桓公城楚丘以遷之故春秋稱邢遷如歸衛國志云即詩所謂外彼墟矣以望楚矣望楚與堂景山與京故鄭玄言觀其傍邑及山川也又東北逕成武城西又東北逕郈城東疑郈徙也所未詳矣又東北逕梁山城西地理志曰昌邑縣有梁丘鄉春秋莊公三十二年宋人齊人會于梁丘者也杜預曰高平昌邑縣西南有梁丘鄉又東北於乘氏縣西而北注河水河水又東南逕乘氏縣故城南縣即春秋之乘丘也故地理志風俗記曰濟陰乘氏縣故宋乘丘邑也漢孝景中

元年封梁孝王子買為侯國也地理志曰乘氏縣泗水東南至睢陵入淮郡國志曰乘氏有泗水此乃河濟也尚書有導河濟之說自陶丘北東至於菏水無泗水之文又曰道河澤陂孟猪孟猪在睢陽縣之東北闞駰十三州記曰不言入而言被者明不常入也水盛方乃覆被矣澤水淼漫俱鍾睢泗故誌有睢陵入淮之言以通苞泗名矣然諸水注泗者多不止此可以終歸泗水便得擅通稱也或更有泗水亦可是水之兼其目所未詳也

又東過昌邑縣北

菏水又東逕昌邑縣故城北地理志曰縣故梁也

漢景帝中元六年分梁為山陽國漢武帝天漢四
年更為昌邑國以封昌邑王賀賀廢國除以為山
陽郡王莽之鉅野郡也後更為高平郡後漢沇州
縣令王密懷金謁東萊太守楊震震不受是其慎
四知處也大城東北有金城城內有沇州刺史河
東薛季像碑以郎中拜鄉令甘露降園熹平四年
遷州明年甘露復降殿前封從事馮巡主簿華操
等相與褒樹表勒棠政次西有沇州刺史茂陽楊
叔恭碑從事孫光等以建寧四年立西北有東太
山成人班孟堅碑建和十年尚書右丞拜沇州刺
史從事秦閭等刊石頌德政碑成列焉

又東過金鄉縣南

郡國志曰山陽有金鄉縣河水逕其故城南世謂之故縣城北有金鄉山也

又東過東緡縣北濟水又東逕漢平狄將軍扶溝侯淮陽朱鮪冢

墓北有石廟濟水又東逕東緡縣故城北故宋地春秋僖公二十三年齊侯伐宋圍緡十三州記曰山陽有東緡縣鄒衍曰余登緡城以望宋都者也後漢世祖建武十一年封馮異長子璋為侯國也

又東過方與縣北為荷水濟水東逕重鄉城南

左傳所謂臧文仲宿於重館者也河水又東逕武

棠亭北公羊以為濟上邑也城有高臺二丈許其下臨水昔魯侯觀魚於棠謂此也在方與縣故城北十里經所謂菏水也水又東逕泥母亭北春秋左傳僖公七年秋盟于甯母謀伐鄭也河水又東與鉅野黄水合菏濟別名也黄水上承鉅澤諸陂澤有濛澱育陂黄湖水東流謂之黄水又有薛訓渚水自渚歷薛村前分為二流一水東注黄水一水西北入澤即洪水也黄水東南流水南有漢荆州刺史李剛墓剛字叔毅山陽高車人熹平元年卒見其碑有石闕祠堂石室三間椽架高丈餘鏤石作椽瓦屋施平天造方井側荷梁柱四壁隱起

雕刻為君臣官屬龜龍鳳之文飛禽走獸之像作制工麗不甚傷毀黄水又東逕鉅野縣北何承天曰鉅野湖澤廣大南通洙泗北連清濟舊縣故城正在澤中故欲置戍於此城城之所在則鉅野澤也衍東北出為大野矣昔西狩獲麟於是處也皇覽曰山陽鉅澤縣有肩髀冢重聚大小與闞冢等傳言蚩尤與黄帝戰尅之於涿鹿之野身體異處故別葬焉黄水又東逕咸亭北春秋桓公七年經書焚咸立者也水南有金鄉縣之東界也金鄉數山皆空中穴口謂之遂也戴延之西征記曰焦氏山此数山有漢司隷校尉魯恭穿山得白蛇白兔不

葬更葬山南鑿而得金故曰金鄉山山形峻峭冢
前有石祠石廟四壁皆青石隱起自書契以來忠
臣孝子貞婦孔子及弟子七十二人形像像邊皆
刻石記之文字分明又有石床長八尺磨瑩鮮明
叩之聲聞遠近時太尉從事中郎傅珎之諮議叅
軍周安穆折敗石床各取頭爲魯氏之後所訟二
人並免官焦氏山東即金鄉山也有冢謂之秦王
陵山上二百步得冢口塹深十丈兩壁峻峭廣二
丈八行七十步得埏門門外左右皆有定可容五
六十人謂之白馬空埏門内二丈得外堂外堂之
後又得内堂觀者皆執燭而行雖無他雕鏤然治

石甚精或云是漢昌邑哀王冢所未詳也東南有范巨卿冢名件猶存巨卿名式山陽之金鄉人漢荆州刺史與汝南張劭長沙陳平子石交號為死友矣黃水又東南逕任城郡之亢父縣故城西夏后氏之任國也漢靈帝光和元年别為任城在北王莽之延就亭也縣有詩亭春秋之詩國也王莽更之曰順父矣地理志東平屬縣也世祖建武二年封劉隆為侯國中其謂之桓公溝南至方與縣入于菏水荷水又東逕秦梁夾岸積石一旦高二丈言秦始皇東巡所造因以名焉

荷水又東過湖陸縣南東入於泗水

澤水所鍾也尚書曰浮于淮泗達于河是也東觀
漢記曰蘇茂殺淮陽太守得其郡營廣樂大司馬
吳漢圍茂茂将其精兵突至湖陵與劉永相會濟
陰山陽濟兵於此處也

又東南過濟縣東北

濟與泗亂故沛納于稱矣東觀漢記安平侯蓋延
傳曰延為虎牙大将軍與戰水等反走溺水者半
後與戰連破之遂平沛楚臨淮悉降延令沛脩高
祖廟置嗇夫祝宰樂人因齋戒祠高廟也

又東南過留縣北

留縣故城翼佩泗濟宋邑也春秋左傳所謂侵宋

呂留也故繁休伯避地賦曰朝余發乎泗洲夕余
宿于留鄉者也張良委身漢祖始自此矣終亦取
封焉城内有張良廟也
又東過彭城縣北獲水從西来注之
濟水又南逕彭城縣之故城東北隅不東過也推
水自西注之城北枕水湄
濟水又南逕彭城縣故城東
不逕其縣北也蓋經誤證
又東南過徐縣北
地理志曰臨淮郡漢武帝元狩五年置治徐縣王
莽更之曰淮平縣曰徐調國也春秋昭公三十年

吴子執鍾離子遂伐徐防山以水之遂滅徐徐子奔楚楚救徐弗及遂城夷以處之張華博物志録著作令史茅温所為送劉成國徐州地理志云徐偃王之異言徐君宫人娠而生卵以為不祥棄之於水濵孤獨母有犬名曰鵠倉獵於水側得棄卵銜以來帰獨母以為異覆煖之遂成兒生時偃故以為名徐君宫中聞之乃更録取長而仁智襲君徐國後鵠倉臨死生角而九尾實黄龍也偃王葬之徐中今見有狗壟焉偃王治國仁義著聞欲舟行上國乃道溝陳蔡之間得朱弓矢以得天瑞遂因名為號目稱徐偃王江淮諸侯服從者三十六

國周王聞之遣使至楚令伐之偃王愛民不鬭遂
為楚敗北走彭城武原縣東山下百姓隨者萬數
因名其山為徐山山上立石室廟有神靈民人請
禱焉依文即事似有符驗但世代綿遠難以詳矣
今徐城外有徐君墓昔延陵季子鮮劒於此所謂
不違心許也
又東至下邳睢陵縣南入于淮
齊水與泗水澤洵東南流至角城同入淮經書睢
陵誤耳也
水經卷第八